俺が総理大臣になったなら

田 龍太郎

22世紀アート

日本は危ない。全世界に中立国として発信すべきだ。

今世界の対立国の中心になって対話外交をする時だ。

東も西も世界は一つ。どちらつかずの総理で日本は持続できるか。

日本の国は何処に向かっているのだろう。舵取りのできない人間に政治を任せられない。

国民の誰もが自ら守るために考えよう。


防衛費（軍事力）で国民・子供達の命を守れるか。

災害に強い頑強な建物が国民・地域住民を守る。

超高層は誰のため永く住める所ではない。環境破壊だ。


国民一人一人の意識が日本を替える。

　勇気が、国民の総意が纏めること。

総理大臣になることだ。

自分の想いを国民のために存分に発揮しよう。日本を守るために。

目次

一・まえがき

国民の命を守る。政府は口先だけ。いつもだ。メディアも、特にＮＨＫは過去にない台風で大規模な被害が出ます。大変危険です。命を大切に、安全な場所に避難して下さい・・・政府と同じ訳の分からんことを。ＮＨＫはいつも只アナウンスするだけ。何処にと、具体的な避難場所を言わない。それを聞いた住民は狼狽え不安になるだけだ。被害のとき、それを言い続けるだけで総理は「国民の命を第一に考える」と言うだけ。全く責任感とか、国・国民に対する愛・こころがない。

こんな政府（不）要人たちに日本を任せられるだろうか。

そこで僕、北海道の小さな田舎町・斜里で生まれたその人間が、無名で金もない建築家（ただ数だけ多いが二千棟以上の建築を心を込めて造ったことは僕の財産である。今でも昔の顧客や家族を想い出して目の奥が滲むことがある）、その人間が、もう我慢ならねえ！　黙ってられ〜ない想いが、「俺が総理大臣になったなら」と、ここに書き捲ることにする。

今七十九歳、始めに最後のやるべき仕事を伝えたい。

「国民の命を第一に考え、守るために」

国・政府は本当に守ろうとしているだろうか。いや、全く考えが国民に伝わらない。

そこで僕の至福の時は何か、常に想っていることだ。

最期が来た。三浦海岸の自宅（室）四〇五号室から海を眺める。東京湾を通し、千葉鋸山を中心に遠山を見詰める。きれいだ。

想い出す。今まで出会った方々に、そして絶景のうみに「ありがとう」と言った瞬間眼を閉じる。

これ以上の幸せがあるだろうか。

これが最後の仕事、三浦海岸・菊名に建てるシニアパレスの四十室、そのうちの一室だ。

一階には総合医療センターがある。二階から四階は四十室（二十坪の広さだ）。

建物は半円形だから、殆どの部屋から海を眺められるんだ。朝、昼、そして夕、自然の景色が変わる。

一年を通し移り変わる景色は見事だ。特に海の幸、喰いもんは旨い。入居者（六十歳以上）が皆仲良く助け合い、幸せに暮らす。パラダイスだ。

孤独死なんて絶対させない。病院のベッドでは死なせない。

皆、最期は海を見て「感謝！　ありがとう」

今、このようなシニア向けマンションを設計している。絶対壊れない頑強な低層の鉄筋コンクリート造だ。超高層で風で揺れるような所は住む処ではないと思う。

俺が総理大臣になったら、命を守るシェルターを造る。この三浦は六メートル下が砂岩でびくともしない。そこまで地下二階をシェルターにする。六百人ほどが十日間生活できる備蓄倉庫付きだ。一時的避難に使うものだから、法律基準を行政と確かめ合う。

平穏時シェルターを有効に使う。

地区会館として地元住民も自由に使う。

年配者は、認知症防止に、軽スポーツも出来る。歩き方教室も、麻雀教室、若者や幼児と老人の経験者のコラボレーションも良い。

若者達が望めば結婚式もやろう。

全ての市民が幸になる空間を造るんだ。

俺が考えている絶対に壊れないシニア向けマンション四階建て。一階は病院だ。その下は地下二階まで、地域住民の命、六百人分を守るシェルターを造る。

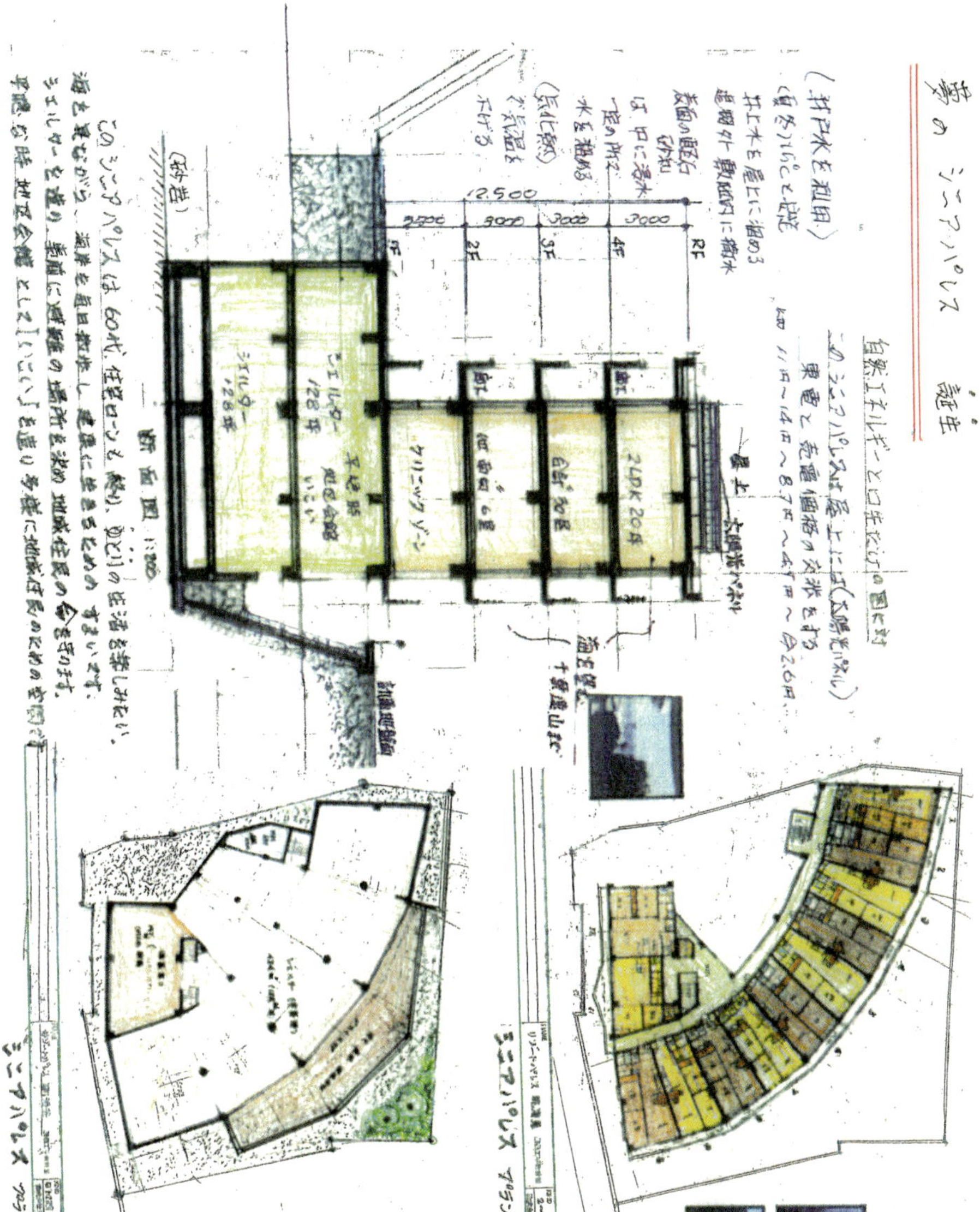

俺が考えているシニア向けマンション四階建てで。一階は病院だ。その下は地下二階まで、地域住民の命、六百人分を守るシェルターを造る。

他には、日本全国、河川に近い、涯下に近い住宅地は危険な場所が多いはずだ。

地元中心に調査する国交省の役人のデータを追うだけの調査では無意味。最後、責任を自ら持ったことがないから駄目だ。

地元の長老の祖父母の語っていたことが、その土地の原型だから儲主義の企業の開発のあとでは、知らないことばかり、だから失敗する。住民達の心音を聞くことが大切だ。河や河に近い、低い場所があるとする。

そうすれば地方の危険地域を調査し、必要な場所にシェルターを造ることが可能になる。大体は低い場所が被害を受けるはずだから、そこにイサム・ノグチ（有名な彫刻家・造園家）のような技術を駆使する。

彼は札幌のモエレ沼公園の設計を総合的に行い、見事なものを造り上げた。ここは低い土地に土砂を積み上げ（実際はゴミ集積所だったため、低いところはゴミを積み上げたのであるが）、市民の憩いの場に仕上げたのだ。それが札幌・モエレ沼公園の丘だ。

それをヒントに危険な、河川より低い土地や崖下等の土地に、石や再生砂利等を盛り、頑強な壊れない地盤を造成し、その上に崩れない小高い山を、日本の土木技術で造る。

その前に調査が必要となる。国交省の役人のＰＣから繰り出すデータは頼りにならない。沖縄の辺野古がそうだろう。間違っても絶対謝らない、国や国交省、——想定外——許せない。説明能力が皆無だ。だからＡＩやデジタルに頼る。国民に考えるゆとりを作らない。

そこの土地の長老たちが祖父母から聞いて受け継いだ経験を頼りにする。

今のようにデータ重視で行った後で想定外と言うのでは済まされないのだ。

そして地下室を建築工事でシェルターを造り、その廻りに蓋を造る。砂や砂利で土木工事が山を積み上げる。砂利層コンクリートで一階まで安定した丘を造成する。

環境抜群で市民の命を守るシェルター。その上には絶対壊れない、頑強でこれ以上のものはない高齢者向けのシニアパレスを造る。それが俺の「理想郷」だ。

本当に国民の命を守ると、本気で考えたら完成するはずだ。

もっと頭の良い建築家は、有名になって金儲け主義の片棒を担ぐような設計をせず、民の心を癒し安心して生活できるものを考えたらどうだ。

「国民の命を守る」——口先だけの人間は許せない。俺は、自分の金や票集めだけしか考えていない詐欺主義者たちに対しては、皆で国民運動を起こし、辞めてもらうことにする。

まえがきが随分長くなってしまったが、どうしても二〇二三年八月十五日からの、総理・副総理の言動が許せない。また腹立ち日記になってしまった。

まえがきだけれど、最期に言いたい。選挙も間近い。骨ある候補者は国民を、日本国をどうしたいか真剣に考えて欲しい。そしてそれを実現するには、総理大臣になることだろう。

駅頭に立って、先ず国民が何を求めているか聞くことが大切だ。心から国民のために自分のやるべきことをひとり一人に訴えよう。

そして俺が総理になれば実現する。

一人の年配者が必ず出て来る。「ばかか、アホか」などと言ってきたらチャンスだ。

「俺が総理大臣になる。一緒に戦いましょう」と言って、しっかりと熱い握手をしよう。

今の要人たち？　みたいに嘘笑いして握手して走り回るような、みっともないことはしないことだ。

日本を不安に思っている国民のために総理大臣になる！　と意欲を見せてくれ。そして与野党問わず、総理大臣成立委員会を造って、国民のために愛・こころのない老政治家の化けの皮を剥がしてやろう。

立候補するなら総理を目指せ。

二・俺が総理大臣になったなら

先ず正しい日本語をしっかり覚えてもらう。

1．互譲の精神

昔から脈々と受け継がれてきた大切な言葉。相手を想う譲り合いの精神。世界に目を向け、対面対話外交をしたなら、戦争を防ぐことができたのではないか。譲り合う精神があれば、衝突事故や歩行者を轢いたりはしないだろう。人を想うこころがあれば、人を傷つけたり、殺めたりできないはずだ。ましてや我が子を殺すなど絶対あってはならない。

パソコンやスマホは解答が速いが、何故、そうか？　と相槌を打つくらいの間が欲しい。何をやるにも少し考えたら（間を置いたら）自殺する勇気もなくなるはずだ。

お巡りさんには悪質危険な運転は厳しく取り締まってもらわないといけないが、ちょっとしたうっかり間違いは、鬼の首でもとったように点稼ぎばかりしないで、「危険だから気を付けましょう」と注意を促す余裕が出れば、運転者も益々安全運転を目指すようになるだろう。

今の世はゆとりというものが欲しいね。

昔の家族は子供たちも多かった。譲り合うことが当然のように生活に溶け込んでいた。僕の近所には祖父母は勿論、叔父叔母などが居て、大家族で構成されていた。その中では必然的に「互譲の精神」が植え付けられていった。僕が小学生のころ、おばあちゃんが来た時は肩を揉んであげたり、おじいちゃんが来た時は一緒にラジオで相撲を聴いたりしていた。この頃、子供ながらに幸せなゆとりを感じたものだ。

昨今ＩＴ産業の普及する中、国の担当大臣が分かっていないのかと思うほどミスが多くないか。必ず岸田（総理）は、いつでも丁寧に説明すると言って逃げるが、『丁寧』という言葉をそもそも知らない。丁寧に説明すると言って舌の乾かないうちに次の日、総理はよく閣議で、決めたと言って得意になるが、詐欺師の子分たちが構成する閣議で、親分に反対する大臣はいないし、国民に全く説明しないのだ。約束を守ることは一度もない。へらちゃら能面総理の言って（更に）やってしまえば、こっちのもの・・・というやり方を咎める党の長老もいない。

ついこの間だっておかしい。動き回っていい気になっている。特別機（すなわち税金）でニューヨークに着いた。何故、直ぐにステーキハウスなのだ。自分の金では喰えない（喰わない）と言うことか。公務で時間がないというのにおかしなことだ。

国民（有権者）に不人気同士の三人が、日、米、韓の協力を強めたわけだ。これは良いことではない（反動が出るだけだ）。即、中露鮮が協力を深めることになるだけだ。後にその通りになった。対抗反発だけ増加する。

先にやるべきは、その三国と対面対話をすることが重要だ。分かっていないのは本人たちだけだ。

麻生副総理は、自分では良いと思っているのか、ギャングスタイルを気取っている。祖父の吉田茂も、演説はヘタくそで独特なスタイル。面白い話がある。コートを着たまゝヘタ演説。すかさず「これが本当の外套演説」だと言ってウケたらしい。

何も考えないから台湾に戦いを示唆した。これなんか最悪なことではないか。

閣議で決めたと言って、国民のことは全く考えずに、間違ったことでも言い始めたら、やってしまえば（言ってしまえば）こちらのもの、全てがそうなのだ。

閣議のメンバーは同じ党の詐欺仲間、決定は早い。とんでもない集団だと思う。

良く有識者とか専門者会議とかやっているが、メンバーは総理に都合の良い連中ばかりだ。文化人や評論家の中で、戦争反対や核廃絶を唱え、明確にする方たちは絶対入っていない。

メディアの中で批判などしたなら、即刻首か左遷が待っている。報道の自由がない。怖い世の中だ。戦前の軍閥主義に近い。少し考える国民は不安になる。

総理を含めた政府の（不）要人こそ「互譲の精神」を植え付ける必要がある。

本当に国民のために・・・国民の命を守る・・・国民生活安定が大切であると、口では言う。しかし国会で、あるいは党内で真剣に議論したと言うが、本気で国民に分かるように伝わっているだろうか。全く説明の頭脳が備わっていない。

忙しく（如何にも忙しそうに）動き回っているだけだ。国民のことを何も考えていない。無責任極まりないから、日本の行く末を考えている国民は（彼らを）全く認めていない。

支持率が三十％もあるのは不思議議だが、訳の分からんアベノミクスとやらで円安、デフレ、原油、物価を急騰させ、大企業だけが利益を増大させた。資産家も恩恵を受け儲けた。それでも（自民党は）変わらぬ組織力のおかげか支持率が大して下がらない。野党は中曽根以来労組はズタズタにされ、組合員減少した。女性連合会長が「自民党のファンになっちゃおうかしら」彼女は誰れのために仕事をしているのか目的も知らないのか。

2. 感謝・謝罪・謙虚

次に日本語で大切な言葉――ありがとう、ごめんなさい、おかげさま・・・。自分で何でもできると勘違いする世の中、ＰＣ、スマホで何でも直ぐ発見できてしまう。そのせいか、他人・先輩・親の話を聞かないことが少なくない。つまり人との触れ合いが少なくなってしまった。感謝の言葉・『おかげさま』が先ず出ない。謝ることは自らの責任（を認めること）と思うのか、（実に）ヘタクソである。

感謝することは口に出す・・・ありがとうと言うべきだ。

中国や韓国から多くの旅行者が来た。そのおかげでいろいろの職種、旅行会社、土産店など諸々の店舗が潤って、税金も入ったはずだ。そんな時、国交省は感謝の言葉を述べるべきだ。総理として言っておくことも必要だ。そしてお互いの国の対話外交の始まりにしたら良い。それが小さいながら大切な外交だと思わないか。逆に何かあると即経済制裁をする。これでは相手国の感情を逆撫でするだけで双方歩み寄りが全くなく、益々対立してくる。その人間が「経済三唱」と得意になってる。

今回の原発処理水を海に流出させることに、中国が猛反発するのは何故か。考えてみれば分かるだろう。この総理相手を（想う）心が全くない勝手な男だから。

政府要人に謙虚な姿勢を持った人間がいるとは思わない。口頭で安全であることを丁寧に説明し、相手が納得するまで行うべきなのだ。言葉だけ『丁寧・きちんと』と言うが、実際に行動したことは一度もない。「寧とは心が入って安らかに」。

直近の三代にわたる総理がまさに口先だけだ。国内外に対してキッチリ説明した試しがあったろうか。国民に対して説明責任（を果たす）と言うが、本気で説明したことはない。

君たちは大手企業や富裕層が納得すればそれで良いと思っている。それが民主主義とは呆れてしまう。どうやって相手国や国民を騙せるか、それだけを考えている詐欺集団としか言いようがない。現に当時の担当大臣が処理水を汚染水と（言い間違えて）公表した。本当に（汚染水と）思っているから出た言葉だろう。

一人の大臣が謝って済む問題ではない。岸田が国を挙げて世界に謝罪すべきでないか。簡単に考えてもらっては困る。

覚えていないと思うが。

平成天皇が御退位の席上で「平成の時代に戦争がなかったことに安堵しています」と仰った。このお言葉がどれほど重いか、君たち、安倍、岸田、君たち元・現総理には分からないのか。

日本の政治家は、この大切な重いお言葉を心の底に響いたことがあるか。

選挙のときだけ、つまり票集めの為には言っても、心がこもってない。それでも資金力、組織票で勝ってしまうのだ。

ここらで本気になって、国民の為に働く意欲のない奴は落選させよう。所詮奴らは議員になっても上に対するイエスマンにしかならないのだから。

多数決で何でも通すために他の意見は無視だ。真面目な説明が出来ていないのに、充分審議したと言ってゴリ押しする。それで民主主義と言えるのか。

予算の組立てを見れば、もっと酷い。収入なくして省庁が取り放題、合計百十四兆円の予算案。これほど国民を騙し苦しめる今世紀最大の詐欺集団があるか。

防衛費嵩上げ、子供手当先送りの新民主主義とは、老人から金を巻き上げる詐欺主義と言うことか。

戦争に加担する防衛費など以ての外だ。

（今の）政府は、国民に対して謝罪し、感謝することが出来ない集団なのだ。

顔ぶれを見ても全取替えしかない。

日本国が日清・日露・朝鮮動乱等、そして何よりも第二次世界大戦で、日本が、日本軍が相手国にした行為は、口では言い表せない。それは人間として考えられない惨いことをしてきた。

日本軍、関東軍は天皇の名のもとに行ったことを反省し、謝罪すべきだった。昭和天皇は「戦争は止められないのか」と近衛文麿総理に仰ったほど、戦争を回避したかったはずだ。

それまでの全ての歴史を反省して安堵している・・・このお言葉を何とも思っていないから、九条に自衛隊を付記するとか、ヘラチャラ総理が防衛費を上げるとか平気で言えるのだ。どこ見て政治してるんだ！

一番哀しんでいらっしゃる上皇様が、余りに分らず屋の君たちを嘆いておられる。

今上天皇も何かの度のお言葉には「世界の平和を祈ってます」と仰っている。

君たちは全く分からない。理解しようとしないのは何故か。金…国民は分かっている。

俺が総理になったら、露・中・朝・亜、全ての国へ赴き土下座する。そして先人達の過ちを謝罪していくつもりだ。どんなに謝っても許されないかも知れない。

3．責任、責任の取り方。責任感

この言葉、意味を小学生になった気持ちで考えてもらいたい。

政治家、要人の多くは、自分の犯した事の責任を重んじ果たすことなく、軽んじているから、全くもって責任を感じていない。言い訳だけする。困ったことに歴代の総理は「説明責任」という言葉に置き換え、説明の有無だけで全て逃げる。

昔の気骨ある人間は、自ら腹を切る覚悟、それを責任と言っていた。

今のつまらない政治家は、政治家と言う職業にしがみついて、辞める人間は殆どいない。

丁度今ニュースが入ってきた。原発の処理水のことだ。漁民に何ら説明できず、丁寧に説明すると言っておきながら、帰ったその日、閣議決定し、次の日には放水を決めた。

それで放水した近海の魚を刺身にして閣議で試食会をして、それも責任を実行することだと勘違いしている。

忙しそうに動き回っているだけで、国民のことを何も考えていない。無責任極まりないから、日本の行く末を憂いている民は彼らを全く認めていない。

国を愛する真の国民が何処に伝えたら良いか分からない。デジタルの平和ボケ国民が増え考える事を諦めさせている。今の自民一党支配が詐欺行為を増大させている。国民は知るべきだ。結果的に大多数の国民を苦しめることになるだけだった。それでも、企業等組織力があるから支持率は下がらない。

格差は増大するばかり。

それが君たち、党の安泰なんだな。

4．予想、想定、想定外

予想とは自ら予め想像して展望することだが、場合によってはその対策を立てる。そして責任を持つことだ。

予想外とは自らの予想と異なることがあるから、自分の責任に於いて謝罪する。

想定とは、単純にある一定の情報を想い画く。そこに自らの責任は問われない。

想定外、そんな言葉はない。ホリエモンが言い出し始めた言葉だ。

政治家やメディア（ＮＨＫ）も人のせい、自然のせいにして、自らの責任にならないように発信するだけ。国民に対し愛の欠片もない。

今の天災は国や政府の人災と言っても過言ではない。事後処理も自らやったことはない。

国会中、口先だけ。「お見舞い申し上げます～」には、当事者たちにとって不満が残るだけだ。

最近になって太平洋戦争を拡大させたのは、メディアの発表が最悪であったと言う戦争研究者も出てきた。

三、日本国は何処へ向かっているのか

「まえがき」と「俺が総理大臣になったなら正しい日本語と使い方を知ってもらう」で述べているので割愛する。

四．日本の行方・持続できるか、この国

1．戦争を絶対にしない不戦宣言を全世界に

日本国憲法は押し付けられたものと誰が言い始めたのか。昭和二十年十月、四十四代（内閣を組織した順番では三十一代）・幣原喜重郎内閣が米占領軍と憲法の立案をし始めた。憲法九条の発案者は日本人幣原と言われている。

昭和天皇も憲法の改正を認められた。従って九条こそ全世界に誇れる最高の憲法であると国民は思っている。

上皇様は平成の幕を閉じるとき仰ったお言葉「平成の時代に戦争がなかったことに安堵してます」と。この重いお言葉。

今上天皇も「世界の平和を願ってます」と、お二人のお考えは明確である。

自民党の総理は何も思わないのか。

今まさに世界は第三次大戦にも成りかねない情勢である。日本こそ、中止させるべき中心の国にならないといけない。

それは常に対面外交・対話を続けなければならない。逃げてばかりで米国の顔色を見て、経済制裁は

相手国の反発を増大させるだけで、何ら解決しない。

戦後十人ほどの総理の功績は・・・日ソの交渉は政治・スポーツ・音楽いろんな交流を深めた。同様に日中がそうだ。東南アジアやヨーロッパにも日本の行為を謝罪し、また主張していった。そして日韓の平和繁栄に貢献する。


ここに日本国民を守る最も大切な最高の法律を記す。

今法律違反の最も大きな罪を犯している。

何故九条を替える。これは今の罪を正当化しようとしているに過ぎない。騙されるな国民。次期我々の総理たのむぞ。

憲法は愛と平和・自由のために
第《だい》二章《しょう》　戦争《せんそう》の放棄《ほうき》　最も大切な法律　日本総理の提案
第《だい》九条《じょう》　日本国民《にほんこくみん》は、正義《せいぎ》と秩序《ちつじょ》を基調《きちょう》とする国際平和《こくさいへいわ》を誠実《せいじつ》に希求《ききゅう》し、国権《こっけん》の発動《はつどう》たる戦争《せんそう》と、武力《ぶりょく》による威嚇又《いかくまた》は武力《ぶりょく》の行使《こうし》は、国際紛争《こくさいふんそう》を解決《かいけつ》する手段《しゅだん》としては、永久《えいきゅう》にこれを放棄《ほうき》する。
②　前項《ぜんこう》の目的《もくてき》を達《たっ》するため、陸海空軍《りくかいくうぐん》その他《た》の戦力《せんりょく》は、これを保持《ほじ》しない。国《くに》の交戦権《こうせんけん》は、これを認《みと》

めない。

戦争は絶対やらない。明白である。それが「戦闘機を輸出する」。もっての外だろう。

只戦禍の語りべは「絶対戦争をやってはいけない」と言ったことはない。何故だろう「戦争絶対反対」なんだが良く自民党の幹部は事有るごとに「法律に基づいて」と言うが、武器輸出とか軍事力強化で（血税を使う）法律違反ではないのか、円安・物価高で国民を苦しめるだけで輸出産業大企業だけ儲けている。政府は潤っている。説明を国民にすべきだ。それを整理し今こそ国内外に戦争放棄を宣言すべきだ。

三代前からの総理は米国オンリーではないか。だから日本の真の役割を担っていない。

語学も勉強するか。昔の白洲次郎のような男も出現するかも知れない。

話し合いを海外に出向いて、それこそ対面外交をするべきだ。中立国として何をやるか考えるべきだ。

昭和天皇から今上天皇まで、「戦争は絶対反対である」との意を解することが何故できないのだろう。

2. 政治改革と構造改革

小選挙区制、これについては当時これ以上のことはないと言った政治家がいた。中選挙区に比べて金もかからない。候補者も区割りが小さく楽だと言っていた。

自民党にとっては選挙資金の配分がやり易くなったが、北海道のように細長い区割りしかできない（人口が幹線道路に沿って偏っているからだろう）選挙区の候補者は長距離を走ることになる。今頃になって、それを立ち上げた政治家から「あれは失敗だった」と言わせしめている。

合併省庁（二つをひとつにする）の弊害。特に国交省がそうだ。責任の所在が分からない。国土の災害などは昔は建設省が責任を持ち、予想を立て、国民の為に災害対策を取っていた。今は何でも想定外と、責任の所在が明確になっていない。

建設省の役人は顔つきも違ったように感じたものだ。

旅行の宣伝をするのと（災害対策が）一緒ではおかしいだろう。どうでも良いはずはないと思う。そんなのだから当該省庁の大臣は唯一公明党なのか。

国交大臣の発言は真剣みを感じられない。顔つきも総理と同じ、ボーだ。

他の大臣もそうだ。生きた目をして国民のことを考えているような人間は少ない。何処を見て生きているんだろう。

3．働き方改革とは

何故こんな法律を制定したんだろう。国民にとって何一つ良いことはない。言えることは、大手企業にとっては残業や出張等の経費を減じることが可能なことぐらいか。

ハードワークに起因する自殺者をなくすなどと言っているが、具体的なことは国民に何ら知らされていない。

どちらかと言うとパワハラや、役人が上司命令により虚偽の文章を作成させられたり、著しく自尊心を傷つけられたり、それを苦にした者が自ら命を落とす事件が少なくないのだ。

自ら行う（自発的な）ハードな仕事は、自分の為でもあるので、逆に生き生きするものだ。役所や企業の為になることを何故考えられないのだろう。

こんな改革を考える人間は仕事に生きがいを感じたことがないんだろう。

仕事の好きな人間は自分を大切に、自分の為にも、時間を忘れて生き生きと仕事をする。そんな人間が自ら命を落とすようなことはないのだ。

働き方改革の最大の罪は、日本の文化資本・技術者を含めた職人社会を崩壊させたことだ。

これまでの総理で、職人社会を大事にした人間は思い出さない。

一人、いる。「ですから（口癖）日本と言う国は職人社会ですから」と言っていた大蔵大臣も、総理になってからは一度も口にすることはなかった。

職人不足と誰もが言うが、具体策を真剣に考えたことのない政府は、口先だけで相手（職人）のことなど考えたこともない。

最も被害を受けた建設業界は、この働き方改革と労基によって崩壊するかも知れない。

企業の時短・・・、金で働かせ、企業だけが儲け主義に走る為、設計も施工も、建築を成しているとは言えないのだ。

一方の職人は、金のことを考えることなく（二の次で）、自らの制作品を満足に完成させ、技術を磨くことだけを考えるものだ。そこに喜びを得るのだ。

もう少し仕事をやれば（続ければ）完成するという段階でも、もし労基が来たらとしり込みさせられてしまう。

やり残しを明朝から始めても捗らないものである。

それより、木工事に限って言うなら、昔から弟子（若者）を育てる徒弟制度があり、若者は親方の背中を見て育ったものである。継手や仕口も墨付けも、もはや親方が教えることはない。昔は枘《ほぞ》や小穴造りから始まったものだが、今はぶっつけ大工だから教えることがないのだ。

もはや材木はプレカットで簡単にできる。これって実は残念ながら壊れやすいのだが。木工事は男木女木が基本。しっかりと組合う仕口、継手で締付ける。金具ボルトは使ってはいけない。最初に取り付ける巾木・廻り縁は最も大切で最初に施工するものだが、今はメーカーの既製品を後から貼り付けるようになっている。これって実は外れやすいのだが。これはもう木工事とは言えないしろものだ。

「早くしろ」「安くしろ」の大手建設会社や住宅メーカーが、働き方改革を理由に職人を苛め、儲け主義に徹するのだから、何れ職人は殆どいなくなるだろう。

正しい建築を今ほど早急に見直さないと、業界の消滅は近いかも知れない。建築界の団体は、効率ばかりを考えるのではなく、建築の基本を教えるべきなのだ。

他の業界でも言えることだが、技術者や職人と言うものは金で動く人間ではない。

ここで言っておく。

建築とは造形ではない。心の動きそのものである。

感動するものである。

付け加えておく。

俺は働き方改革を廃止し、歴史ある徒弟制度、親方から弟子へ、親の背中を見て子は育つ、この伝統を経験を重んじるような方法を考える。

職人や技術者は、自らの腕を磨くために、研究の成果そのものを目的にする人間である。真に働いたり、必死に生活していない人間には、金も要らない、時間を惜しまない生き方や目標を理解できないだろう。

俺は働きたい人間にはいつまでも働いてもらう。定年制は廃止だ。一番経験を積んだ良い時期に、もっと仕事の能力を発揮してもらうのだ。これで能率が上がれば企業にとっても良策と言えるだろう。そしてこの熟練者の経験を若い世代に受け継いでもらうことが、最も効率が良いと言えるだろう。

企業は金のことばかり考えているから、大切な年寄りを排除しようとする。

働き方改革を制定した人間たちは、労働とは何かを初心に戻って考えるべきだ。

4．休日のあり方

週休二日は交替制にすべきだ。

土日休みになると、製品が届くのは三日も空白になると言うことだ。

休日・祝祭日、こじつけた連休・・・。

昔から一月十五日は藪入りと称し、後に成人の日となり、祝日となった。

二月は十一日が紀元節をはじめに建国の日と名を変え、国民に浸透していった。

他にもいろいろ言いたいが、何よりも何故連休にしなければならないのか。

五月の大型連休が国民にとって、カレンダーとにらめっこして家族で計画を立てるのが楽しみのひとつだ。

祝祭日や土日に絡めて三連休や四連休になるのはありがたいと思う一方で、この大型連休を迷惑と思っている人間も多いことを知るべきだ。

例えば運送業しかり、建設業や製造業等にとっては、車の渋滞で仕事が停止してしまったり、捗らないことがあるのだ。流れ作業的な製造業にとっては機械がストップすると再起動（再稼働）に時間と費用が掛かってしまう。

休日が増えると誰が得するのだろう。特に建設現場はメーカーが土日祭日と続くと、それによって現場は工事が一週間以上遅れてしまうこともあるのだ。

最近耳にした話だが、公務員の応募が少ないという理由で、週休三日制で募集しようなどと考えている大臣がいる。いったい何を考えているか分からない。

今、四年制の大卒で直ぐ勤めることなく、大学院進む子が増えている。政治家と同じように働かないで税金泥棒になりたいのか。

テレビの出演者を見るとやたら大学院教授が多いことに驚いている。

理工系の大卒は早く技術を身に着けた方が本人の為にもなると思うが。まあ働きに出るのが好きでない子も少なくないのだろうか。

それは少子化社会の問題もあると思う。

ここで言っておきたいが、憲法九条に自衛隊を付記したなら、自衛隊員の応募は減少するに違いないということだ。

自衛隊員の体の鍛え方は、今の若者では類を見ない。大砲を持つことなど日本ではあり得ないが、昨今地球温暖化により災害が増えている。命を守ることを第一に避難しなさいと言う以前に、自衛隊の協力を首長の権限で得られたら、被害は少なくて済むだろう。

政治家は災害を未然に防ぐことを考えられない人間たちなのか。考えて欲しいものだ。

5．非社会的団体と政府の違い

いろいろな契約書に必ずある条件・項目が記述される。甲・乙其々が必ず非社会的団体（反社会的団体に属する等）、若しくはそれに関わりのないことを誓約させる。それは何を意味するのだろう。

自分の労働力、または知識を持って社会的に貢献するということなのだろうか。非社会的とは自分の力で稼ぐのではなく、他人から金銭を巻き上げ、詐欺まがいに人を騙し、金銭や土地などのものを手にする団体と言うことなのだろうか。

それでは現在の政府と何処が違うというのか。

国民を義務だと言って威し、税金を巻き上げる。

何ら国民を守らず、円安物価高の状況で大手企業のみを何故守り、それで得た儲け部分を税金として徴収もしない。その企業から、裏金造りとは呆れる。

ただただ高齢者が多くなったといって、年金を減らし、なお老人から金を巻き上げる（早く死ねということか）。

国・政府は国民、老人、子供たちのことを本気で考えていると言えるのか。

海外に行けば良い顔をして、金をばらまき、軍事力の協調と言いつつ、敵国を増やすことばかりだ。非社会団体と何ら変わらないと思わないか。

百十四兆円の大詐欺集団と言っても過言ではない。

また戦争を知らない、ましてや日清、日露、朝鮮動乱など知り得ないものは、軍隊が、関東軍がどれほど残酷極まりないことをやってきたか、よく歴史を知るべきだろう。

こんなことも知らないからバイデンに良い顔をして、防衛費を倍増するなどと出まかせを言うのだ。また韓国人統領（米韓大統領は共に国内では不人気だが）にも協調姿勢を見せて、渡米するやいなやステーキハウスとは「ふざけるな」だ。

三国で軍事訓練等で協力し、共同会見をする。それを目の当たりにすれば露・中・朝はどれほど結託することになるか。考えなくとも分かるはずである。

（ロシアに対して）経済制裁を加速すればするほど北海道はロシアに近づく。

中国と台湾の有事の際には米軍基地のある沖縄周辺は中国に攻められるに違いない。日本の政府が金に任せて軍事力を強化しても所詮中国の一割にも満たないのだ。

だからこそ外交で対面対話をやるべきだ。今後総理大臣のやるべきことは、先ず相手国（過去の戦争）が気の済むまで謝罪し、対話をすべきだ。

政府の（不）要人たちは自分のことしか考えてない。それを改めることから始めなければならない。

6．大臣の決め方

今は総理自身がぽやっとしているから、大臣を挿げ替える内閣改造と大袈裟だが、顔ぶれを見ると、どこにも適性（得意分野、経験値）などの考えが、国民には全く見えてこない。ただただ派閥の数合わせだけを気遣っているに過ぎない。専門家が全くいないのだ。

かつて大蔵省と言えば高橋是清、戦後は池田勇人、福田赳夫など、国民も納得できる人選だったりしていた。

酷いのは北方・沖縄担当大臣だ。全く方向の違う北と南ではかけ離れすぎている。

案の定、弁護士出身の大臣は歯舞・色丹・国後・択捉が読めない。テレビの前で絶句だ。自ら辞めるべきだろう。

恥を知れと言われても理解できない奴らなのだ。こころがない。恥は心を聞くと書くのだ。頭の良い弁護士あがりの先生なら分かるだろう。

7．中央集権と地方自治

政府は地方自治体を本気で考えているのか。今の無策では、北海道がロシアになる可能性がある。

今のように、プーチンを責め、経済制裁を続けていくとどうなるか。

かつては日ソ共同宣言で、首脳が同じテーブルに着いたこともある。

毎年、日ソ漁業交渉を行っていた。対面対話を十分に行っていたのである。

ゴルバチョフが来日し、北方領土について根室市民とテレビ討論した。日本国民は大いに期待したものだ。


しかしその時の政府の動きは鈍かった。

スポーツでは毎年、日ソバレー対抗試合があり、交流を深めたものだ。

音楽にも国境がない・・・例年ソビエト国立交響楽団のロシア音楽を、音楽愛好家は毎年のように楽しみにしていたものだ。

そんな国民の楽しみを日本政府は台無しにしてしまう。政策なんか何もない。

北朝鮮だって、金丸信は日本社会党と一緒に金日成と会談している。

今の政府の要人は言の葉を全く使えなくなっており、海外との話し合いができないのだ。前述したが、謝罪をすることから始まるのだ。それが今の政治家には理解できない。北海道独立は早い方が良い。今の状況でプーチンを怒らせると大変だ。国後島の軍事基地は直ぐ近くなのだ。だから北海道独立は早くした方が良いのだ。

オホーツク沿岸・羅臼から根室沿岸の漁民とロシア漁民が魚の交換などで、仲良くできるはずだ。鮭とタラ（タラバガニ）日本酒とウオッカ飲み比べ考えただけでもウキウキだ。

それこそ対面対話外交を国民同士で行うことができる。ロシアと漁民の友好地になる。

北見山地の遠軽から北に向けて良質の材木が採れるが、林業開発は全然進まない。中国民も林業に興味のある人間はいるはず。日本の若者は教わることが好きでないが中国民に正しい林業を教えよう。

知事は大手商社や開発業者に土地を売ってはいけない。道有地として、入ってくる移民たちと林業友好地として開拓していくことを考えるべきだ。それが道・中コミュニティだ。小樽地方の漁業は豊かで韓国人も満足すると思う。韓国コミュニティや十勝地方の道・豪コミュニティなど独立国として無限に考えられる。観光地と最高な場所、冬のスポーツのメッカも良いだろう。

日本政府に関係なく、独立国として世界の働きたい人間を北海道に集結させ、自由国となるのだ。五百万人が人口一千五百万人になることも夢ではない。

もう一つ、沖縄だって危ない。

沖縄、台湾、グアムまで米国の基地がある。辺野古基地など調査不足を棚に上げ、何の責任も取らない中央政権に見切りをつけ、独立した方が良い。

基地が出来上がった頃、そこに米軍はいるはずがない。基地を造っても米国軍人は集まらないのだ。

今、二千五百人が集結したところで、十万人の軍備を有する中国本国が本気で挑んできたら、台湾より日本など周辺基地の方が危険だ。日米安保が安全か分かったもんじゃない。

ベトナムやイラク、アフガンを見るまでもなく、米国は本気で助けてくれると思えるだろうか。

早く独立し、世界に中立国として、絶対戦争はしないと、不戦宣言をするべきなのだ。

日本の自民党は時代遅れ。力で押して勝てる国はない。早く北海道も沖縄も、中央集権と縁を切るべきだろう。

沖縄においては、県人も知事にとっても辺野古が大問題になっているが、最高裁判決は常に国が勝つ。何故か考えよう。言うまでもなく総理大臣とその関係団体が最高裁長官を決めている。それが大きな問題ではないか。司法が独立していない。

日本は三権分立が徹底していない。責任とか立場を全く考えていない国民だ。

先ず政教分離が徹底せず、統一協会が大きな社会問題になったのは最近のことだ。

慌てたのは自民党だったが、たった一年も過ぎた現在は、国民独特の喉元過ぎれば〜で、ほとんど忘れてしまう・・・、つまり全く気にしなくなる。無関心、この国民性が日本を消滅させる主因になるのは近い。

国や政府はやってしまえばと嘯く連中だ。辺野古の問題、地質調査の誤りで予算と工期が大幅にアップだ。これは誰の責任だ。いつもきちんと、しっかりと言うだけの連中は、これを正当化して、最高裁に持ち込めばこっちのものと、いつも騙す詐欺者なのだ。

先ず過ちを県民に謝罪し、責任を明らかにすべきではないか。

やるとか中止するとかの前に「謝罪」が先決だろう。

（辺野古に関して）根本的に沖縄の地形を良く調査したとは思えない。

海岸線からジェット機が着陸すると、必ず民間住宅地をかすめて降りて来る。横断するには陸地の距離が足りない。

良く専門家という人たちがいるが、彼らが調査を完璧にやったとしたら、沖縄に基地を置くのは無理と判断するはずである。

最も危険なことは、辺野古（に基地を置くの）は無理と思うが、そもそも沖縄に大規模な米軍基地を持ってくることは大きなリスクとなる。先ずは中国との国交を正常化しなければならないだろう。

一九七二年以降、日本の企業が中国に進出し、両国にとっても好結果が出たはずだ。その時、最も大切だったのは対話外交ではなかったか。

安倍、岸田があまりにも米国に寄り過ぎたと思わないか。

8．経済対策、具体策はこれで良いのか

前々総理と今の総理は自分の言っていることが分かっているのだろうか。

デフレ、円高（前々総理時代）で物価を大企業と一緒になって上げ放題。国民を苦しめ、大企業・資産家が伸びる手助けをした。格差が益々増大したのだ。

安倍のミクス↓安倍のミスダ。自分だけがはしゃぎ、随分恨んでいる人間もいたはずだ。とうとう統一教会員の二代目に殺された。

これは国民にとって罪ばかりを重ねた中で一つだけの功は何かと言うと、随分古くは岸信介時代の自民党と統一教会の密接な繋がりを初めその後大量に暴露されたことだ。

しかし一部の党員の尻尾切りをして、相変わらず国民が忘れる時間を待つのである。善し悪しの分か

らない日本人が喉元過ぎれば熱さ忘れる・・・を待つのだ。

だからいつまで経っても日本は良くならない。

9．国葬

国葬になった理由は、私見だが前々総理が殺された直ぐあと、哀しみの涙は目の奥から滲み出てくるものだが、テレビに映った総理は目というより、ハラハラと頬の両側を濡らして涙を流した。哀しみの涙とは思えなかった。安倍派の人たちにはどう映ったか。

麻生副総理は慌てた。そして進言したのが次の日、何も考えず国葬と言ってしまったのだ。費用も五億と言ってしまっていた。

僕のような素人でも、二十億〜三十億はかかるだろうと思ったものだが。

いつもこの方（岸田）、考えないで発言するから、即言い直すことになる。しかし知らんぷりなのだ。謝罪したことがない。何（予算）が増えても自分の腹は痛まない。国民の（血）税金（なのに）、おかしなヤツと思う。何ら責任を感じない。

彼はいつも言ってしまったとうそぶく。

具体策は頭の中に全くない。困った人間だ。遠巻きの連中は何も言わない。頭の中が空っぽなんだな。

防衛費についてはバイデンとの密約なのに発表しちまった。

自分が総理のうちには実現しないいし、バイデンだって近いうちに大統領職を失うことになるだろう。

韓国の大統領も不人気である。岸田に会って密約した。

この連中無責任極まりない。

その後、三首脳とやらで、ニコニコと国の協力を強固にするだと。ふざけてる、と国民は思ってるが口に出さない。国民に良いことは何もない。相手国（中国・ロシアなど）の協力関係を強めるだけである。喜んで米国に同調して安全だと思っている。

米国はキューバ、ベトナム、イラク、アフガニスタンなど、どれをとっても逃げ出す国である。日米安保で、日本を本当に守ってくれるとは思えない。

国民気づくべきである。

日本国を持続させるにはどうしたら良いか。

沖縄周辺には米国軍人が二千五百人、中国軍人は十万人も配備されている。

台湾問題がこじれたら、台湾本土より沖縄周辺の方が攻め易いだろう。総理、ボーっとしてられないのですよ。

日ソ・日中関係が悪化していったのは君たちの責任だ。歴代の総理の苦労を全く無駄にしている。

良く考えて謝罪し、復活させなければならない。

ロシア、中国、他国との国民同士が、音楽（音楽は世界の共通語だし、嘘もつかない）やスポーツ（日ソ対抗バレーとか、日中バレー、体操も卓球も国際試合をやっていた）を通じて交流していたのを思い出して欲しい。

君たちなんかより、余程両国の親善大使なのだ。

どうしたら世界が仲良く一つになれるのだろう。

もう政治的解決はできない。

国民同士、漁民・森林業・農業など第一次産業技術の開発協力に明るい兆しを感じる。

君たちは直ぐ儲け主義に走るから駄目なんだ。技術の向上、スポーツ親交、民間を考えたら幾らでも（ヒントが）出てくるだろう。

10．少子化社会と高齢化社会

日曜討論などを見ていると、自民が最も何を言っているか分からない。公明も具体策はなしだ。立憲民主は政権を取ったとき、一人二万六千円（子供手当）を主張したが、自民の反対で一万三千円に減らされたときがある。共産だけが、防衛費を先送りしているが子供手当も先送りかと。老齢年金や健康保険などで老人を苦しめている・・・ようなことを言っていたように思う。

子供を増やすにはどうしたら良いか。育児・子供手当が必要ではないか。防衛費を四十三兆円増やしても、相手国（中国やロシアなど）を刺激するだけで、日本の国を守ることはできない。

しっかりしろ野党・立憲民主が支持率が増えないのは、内閣の作戦に嵌るからだ。「防衛費産業支援法案」断固反対することだろう。国民のためにならないことは必ず。これを通して誰が得をする、そして戦争に加担することになる。君達は正直だけれど自民党の頭の良さ「ズル賢さ」には勝てない。何でも反対の野党と言われてもこれだけ（防衛）については阻止しろ。

自民党は国民を守ると言って憲法九条の違反者だ。

それを正当化するために法律を替えるだけだ。野党考えてくれ、これが国民の悲痛の叫びであることを。自民の若手に全票政治にアキアキしている人も少なくない。

日本は中立国として、無戦を世界に発信すべきである。

防衛費は米国に対して増やす約束をしているが、金もないのに百十四兆円の無理な予算案が何故通されてしまうのか。

この際、防衛費を子供手当に回す。一人月に五万円を子供の通帳に振り込むことを提案する。三人目からは十万円だ。増やそうとする防衛費で十分賄えるはずだ。

子供を育てることは大変だ。

それが理由となって結婚しない若者が多いとも思える。

結婚式なども自治体の地区会館を充実させ、利用するようにしたら、大仰に結婚資金を考えなくても良くなるのではないか。

政府が無駄を減らし、本気になれば夢ではなくなるだろう。自民は無駄が金になる。これを変えよう。

何と言っても日本の総資産九千七百兆円があるのだから。

今まで経済復興のため必死になって働いてきた老人を苛めないことも大切だと思う。

今の総理は国民を喜ばそうと適当なことを言う。「減税します」、口から出まかせ。やはり大企業・資産家だけが減税だったのだ。しかも老人にとっては、年金は上がらず、保険料は勝手に増やす。

今回のコロナ問題。アベノマスクで二百八十億も捨てたのをはじめ、老人の重症化を防ぐと称してワクチンを六回も七回も打たせた。元ファイザーの関係者の話では、老人の人口制限と言っている人間もいるとか。

あちこちで聞くが、スパイクタンパクとやらで内臓の働きが悪くなったという高齢者が増えてきた。

俺も腎臓が悪くなり治療している。

六回も七回も絶対打ってはいけないと言う医師が増えて来た。

専門者会議も最近解散したのか。テレビに出なくなったのは何故。

毎日、日本全国でコロナ陽性の発表がテレビから消えたのは何故。

具体的に真のことを言えない。はっきりモノ言えない国（なのだ）。政府が出す（国民の税金だ）

国民ひとり一人考えて行くしかない。

政府が薬代を出す大半の患者は喜ぶ。只よりこわい物はない。俺はその日の内に高い薬を捨てた。

11．税金（企業優遇、庶民増税）

三％から始まって、国民を騙し、慣れた頃、五％、八％、今は十％、そして頃合いを見てまた増税する。竹下内閣は初の消費税国民の大反対で解散した。

日本国民の性格。慣れ合い。仕方ない。言っても無駄と無言。だから自民の思うつぼ。何故か国民の考えが、無関心（平和ボケなのか）で自民の思うつぼ。

消費税こそ弱者を虐めているのだ。

思い起こすと昭和六十二年、中曽根内閣が大企業の税金優遇のため、大型間接税導入に踏み切った。その頃、老人保健法を改悪し、医療費を倍増した。年寄りから幾らでも取る。実はその頃から始まっているんだな。

消費税を廃止するには物品税、高級料理店などの税金を元に戻す方法もある。

大手企業や富裕層からの方が税金を集め易いと思うが。今の減税分だけでも大きい額なはずだ。

国民全て平等にという考えは間違っている。貧困層にこの物価高をどう乗り切れと言うのか。

この頃（中曽根内閣）、経企庁は老後の生計費夫婦で月二十五万円かかると。だが年金では十万円不足と発表した。

こんな幼稚な発想、○カとしか言いようがない。

考えると今の党も全く成長していないことが分かる。早いうちに国民の為の税制を考え、消費税を廃止すべきだ。

今の政府は、海外に行ってバラマキ、何の計画もなく助成金を出す。全て国民の血税なのに、なんとも思わないのか。

令和五年、明けて直ぐ、国民の為に光熱費を下げると総理は発言した。いつもの口から出まかせ。東電に何十億もの助成金を出す。バレバレで口先だけで終わった。

舌の乾かないうちに十～二十％の電気料金、ガス料金を上げることになった。

こんな時でも国民は無言のうちに払い続ける。この国は何でもあり。おかしいと何故思わないのか。

多数決によって全て何でも通す。国民に対し、詐欺を働いている。民主主義とは言えない。詐欺主義集団ではないか。

いよいよ解散総選挙が近いように思う。

総理は減税の話を持ち出す。国民は減税の声だけで喜ぶと思っているんだろう。

実は賃上げした企業に減税する。

国内投資、特許所得に関し、減税の創設をするということらしい。

資産家の減税で国民の負担は増し、円安・物価高で益々苦しめられることになる。

分配なくして成長なし。格好つけてるだけだよな。

高齢者の貯蓄を投資に回し、資産所得倍増を目指す案らしい。裏から表に出して（引きずり出して）課税する。

労働生産性が良いとあるが、賃金は上がらず企業だけが儲かる仕組みだ。

国民の為に日銀は機能していない。

昔、定期預金の金利は六％。郵便貯金は複利計算で国民にとっては働き甲斐があって、貯金する楽しみがあった。

今は銀行も不正融資などで倒産が相次ぎ、金融庁の見境のない査察で、危機が迫っている。

金融緩和の時代が長期続いているが、企業には緩和、個人には引き締める。調査能力がない割には、そんなことをする。

ようはすべての省庁が国民の為に機能していない（働いてないのだ）。

12．戦後の総理大臣

（内閣を組織した順では第三十一代）**幣原喜重郎**。在籍昭和二十年十月九日～二十一年五月二十二日。七十三歳。親米派。米占領軍と憲法の立案。憲法九条の発案者。外交官。加藤高明、若槻禮次郎、濱口雄幸内閣の外相歴任。

ＧＨＱから教育・司法・経済の民主化、労働組合の結成を奨める。軍国主義的教員の追放。国家神道の廃絶。財閥の解体。農地改革。憲法改正などの実績大で、根本的改正を強要された。昭和天皇はこれを呑み、改正に踏み切った。

積極的に国民に受け入れられるように努力もし、国会もこれを審議し承認した。今、自民が言うところの押し付け憲法でないことは周知のとおりである。

第九条は幣原の発案とマッカーサーが主張。戦後第一回の総選挙は二十一年四月に行った。自由党が第一党となる。この時は鳩山が総理になるはずだったが、戦前文相として滝川事件を起こし、追放された。

そこで吉田茂外相が、鳩山が追放解除になったら即譲るという条件で就いた。そしてあの有名な「バカヤロー」解散の（第三十二代）**吉田茂**が昭和二十一年五月六十七歳で総理になる。あの「バカヤロー」は第四次の時（右）社会党の質問に独り言が聞こえたらしい。

（第三十三代）**片山哲**。

新憲法下で最初の宰相であった。クリスチャンで社会民衆党書記長、日本社会党の初代書記長就任、翌年委員長に選出。首相としてはあまり実績がない。社会党、民社党に属し、憲法擁護や選挙浄化、世界連邦蜂起に活躍した。

（第三十四代）**芦田均**。昭和二十三年三月、六十歳。昭和電工疑獄事件で来栖、西尾末広、芦田も逮捕。中には主計局長・福田赳夫もいた。

吉田茂、二次、三次、四次、五次内閣総理大臣就任。昭和二十三年十月～二十九年十二月。

実に演説がヘタで小学四年生の俺には、毎日のように新聞にあの姿和服葉巻足袋で出るのがこれが正装なのかと思った。それと似顔絵が印象的だった。マッカーサーと親交があったと言うが、ブレーンに白洲次郎の存在が大きかったと大人になって分った。

アイゼンハウアー大統領とも対等な顔付でテーブルに着いていた。

単独講和（サンフランシスコ）と日米安全保障条約が締結された。選挙は民自党で圧勝し、民主党を加え、再び自由党になった。

追放解除後の鳩山一郎に政権を返せと迫られ、その後抜き打ち解散し、選挙後第四次内閣を結成する。

この頃に鳩山、三木武夫、河野一郎などのメンバーが反主流派として名を連ね、吉田が最も恐れた緒方竹虎が台頭してきたのだ。昭和三十一年、緒方は後に石橋内閣の前に総理に決まっていたが、一週間前急死したのだ。その変死の状況から多くの国民は哀しみ、その死に疑問を持った。中学生の俺は直感的にヤラレたと思いショックだった。

吉田の後鳩山はその時代、自由党を離れ、昭和二十九年、社会党の右派・浅沼稲次郎、左派・鈴木茂三郎の協力で首班指名を受けた。

（第三十五代）**鳩山一郎**内閣が成立した。第一次時七十一歳。昭和二十九年十二月～昭和三十一年十二月。戦前は軍部政権に反対。対米吉田政権に反対し、日ソ共同宣言の実現。

社会党が右派・左派が合同し日本社会党になったとき、保守合同後、自由民主党の総裁になる。

鳩山は戦後、自由党を結成し、総裁になる。首相目前にして公職追放となり、吉田茂に譲った経緯がある。その追放解除後、吉田に交代を求めたが、叶わずにいた。

「日ソ国交回復」を現実に進めた。

合同自民党になった後、改めて首班指名を受け、第三次鳩山内閣が成立し、自由党の緒方竹虎を後継とすることで、自と民が妥協したのだった。

日ソ交渉では北方漁業の取り締まりを強化するという強気の姿勢と、シベリア抑留問題もあって、世論の支持は高かった。

平和条約締結時に歯舞・色丹のみを返還し、他は現状維持という条件で共同声明を出し、国交が回復された。

自民党初めての総裁選挙、ラジオを聞き新聞片手に選挙を見守った。二、三位が勝つための協力は不思議に思った。

（第三十六代）**石橋湛山**。昭和三十一年十二月〜三十二年二月。在職六十五日。小日本主義を提唱したジャーナリスト。総裁選挙の三つ巴戦は僕が十一歳のときで、決選投票で一位の岸を破って、喜んだ記憶がある。

教え子に渡辺恒三がいて、田中秀征は「決断力と判断力を備えた稀な政治家」と絶賛。六十五日の短命内閣は残念だった。長く勤め、岸の出番がなければ日本も変わっていただろう。

（第三十七代）　**岸信《のぶ》介**

第一次　昭32　2／25〜33　6／18

第二次　昭33　6／12〜35　7／19

東条内閣の商工相が何故復活したか。

兎に角、頭の良い人間（狡賢い）人間だったらしい。

軍閥から反共親米に鞍替は見事と思う。

社会党に入ろうとして、弟栄作の進言で、自由党に入り鳩山（ソ連派）と民主党の結成――そして幹事長→総理のレール着々と。

戦中商工相だったので経済特にアジア経済の発展を考えていた。

しかし第一次岸内閣では、経済政策には、無関心と言っても良い。

彼は鳩山、石橋はソ連中国への接近を考えたため、岸は米国に目を向け、東南亜を賠償の目的また台湾とも和解した。何故か。

安保条約改定を交渉し進めることだった。

第二次（昭33～35年7月19日）では、佐藤栄作、池田勇人を閣僚に入れておいた。

反安保闘争は、国民や学生運動の反対闘争は凄まじかった。

到々六月一二日機動隊によって女子大生、樺美智子さんが、殺された。多くの負傷者が出ても、構わず、自分の思った事をやる人間だった。

このような、強権政治は続く訳がない。

次の首班は民間大物との約束で大野伴睦、河野一郎に禅譲する約束をした。

後継総裁選挙で、池田・大野・石井・松村藤山五人の出馬し、当然岸は大野だったが、池田に票を廻した。

（第三十八代）　**池田勇人**

第一次　昭35　7／19〜35　12／8

　二次　昭35　12／8〜38　12／9

　三次　昭38　12／9〜39　11／9

安保騒動後の不安。

忍耐の政治・所得倍増計画を打出す。

大蔵省出身、経済外交が重要である。

（今の経済三唱口先だけの総理と違う所）

吉田第三次内閣の蔵相、重要ポスト。

調子に乗ってか「貧乏人は麦を喰え」失言。

吉田内閣の通産大臣を辞め、その後幹事長石橋内閣で蔵相、岸の安保の時通産省。

本気で経済で国民の賛同を得た。

「池田にお任せ下さい」とは、皆驚いた。

「所得倍増計画」では計画的に三年で10％、十年後所得を倍増するとした。

（今の総理、国民が若しかして、喜ぶだろうと口先、減税とか、光熱費を下げるとか、その分大企業に助成金出して止めるとか、頭の中はどうなっているんだ。野党もしっかりしろと言いたい。総理の口車は横車だ）

池田は、ケネディ大統領と日米合同委員会を設置、主導権は米国ではないんだ。

自ら経済全般の協力をすること。

中国にも貿易の自由化、ＩＭＦ（国際通貨基金）八条国の移行とＯＥＣＤ（経済協力機構）の加盟をし世界の一流国の列を並べた。

（今の総理がしっかりとした発信がないのとは全く違う）

東京オリンピックの閉会後、河野一郎ではなく、佐藤栄作に譲った。

三女の話を聞く機会があったが、彼は、毎朝本当に麦飯を食していた。「沼さんが逝って日本の政治は終わったんだよ」と言い残していった。

（第三十九代）　**佐藤栄作**

第一次　昭39 11／9～42 2／17

二次　昭42　2／17～45　1／14　2800日

三次　昭45　1／14～47　7／7

兄の岸信介が頭が良い秀才。

弟の佐藤はそれ程でもない。

鉄道省出身、吉田二次内閣の蔵相。

池田勇人の後継は、その内閣の懸案、「日韓国交回復」そして沖縄返還交渉を行なう。「核抜き本土並み」の条件。

沖縄返還が、学生には中身が分からず、大学紛争には、機動隊に任せた。

ここに、分らないが米国との密約があったのではと疑問視されたが、まだ明確にされていない。

七〇年大阪万博に視線を集めて乗り切った。

公害対策・福祉対策は、殆ど遅れた。

それを革新陣営に先を超された。

インフラ整備も河野一郎の死後ストップ。

大都市・東京への集中が誘導された。

せいぜい農地報償法採決、建国記念日、明治一〇〇年祭など、長期政権の割には国民に対する仕事はしていない。

ノーベル平和賞には国民は驚くばかりだった。何故と。無人の記者会見でテレビに向かう姿は滑稽ですらあった。終いはドルショック、ニクソン訪中で支持が急降下、退陣した。

（第四十代）**田中角栄**。第一次、昭和四十七年七月〜第二次四十九年十二月九日まで。学歴は触れるまでもないが、自らを金儲けは上手いと称した。公共事業や不動産事業で更に儲けた。三十代に大臣、自ら言っていた通り、五十四歳で総理。善し悪しは別として、有言実行。はっきりものを言った、最期の総理だった。

日本列島改造論で日本国民に、不動産に興味を持たせ、自らも資金集めし、自派閥を最大にした。若くして自分が大臣のとき、建築士法を制定に尽力した、その功績が認められ、一級建築士第一号を与えられた。

善悪は別にして今の総理達と違うのは、はっきりモノを言って必ず実現する人間だったことだ。余り細かい事を考えない。ロッキード事件で逮捕されたとき、秘書に「トライスターって何だ」と聞いたらしい。これなどは愛嬌の一つと言えるかも知れない。

今の政治家と違うのは実際自分で動いた働いた分金儲けをすることだ。

税金を掛けた物に対し税金を横取りしたりはしていない。

賄賂も受取るが、自派閥の候補者に千万円単位で軍資金を渡す気っ風の良さで勢力を伸ばした。新幹線高速道路網を拡大ハイテク型の工場立地を計画的に全国展開し大都市から工場や大学を移転させる。

土地対策が欠如地価狂乱物価値上、オイルショックで物不足とインフレが始まる。福田赳夫を副総理とし呼び打開させる。

当初日中国交回復も実現したが最後はロッキード事件や健康問題で退陣、椎名裁配次期「青天の霹靂」三木武夫の番だ。

（第四十一代）**三木武夫**。昭和四十九年十二月〜五十一年十二月二十四日。議会人、反主流。田中がいたから総理に？

清潔な政治家。開戦回避を運動し、大政翼賛会に反対し、安倍寛（晋三の祖父）、尾崎行雄と三人で衆議院議員となる。気骨の人。政治資金規正法、政界浄化策、公職選挙法改正は世論の支持を集めた。「信なくば立たず」とは軍備を整えるではなく食糧を満足させることでもない。

人々が政治に信をおくようでなければならない。

三木の執念政界浄化策として政治資金規正法公職選挙法の改正。

任期満了選挙で大巾に議席を失ない退陣した時に河野洋平が新自由クラブを結成して出た。

（第四十二代）**福田赳夫**。大蔵省主計局のイメージ濃い。大蔵通。岸内閣で農相幹事長。その後、三木内閣まで蔵相が多かった。

アジア外交――日中平和友好条約を締結。日韓大陸棚協定を批准した。

マニラで表明。①軍事大国とならず平和と繁栄に貢献する②心と心の触れ合う信頼関係③アセアンの連帯と強靭性強化に協力。東南アジア全域の平和と繁栄に寄与するなど、優れた考えを備えていた。

昭51・12／24～53・12／7

福田語録。

人の命は地球より重い。

大平に二年で交代の密約を反故にし再選を狙ったが大平に大敗した時「天の声にも変な声がある時も」。都合悪いときは「ノーコメント」。

（第四十三代）**大平正芳**。昭和五十三年十二月～第二次・五十五年六月十二日。大蔵省出身。池田の秘書官。宮沢と共に、「あーうー」としか言わない。

国民は何のことやら良く分からない内に進められた。

語録の中で「善政をするより悪政をしない」がある。

法三章で足りるのが理想。

「東京に三世代いると白痴になる」
女性は家庭にいるのが一番。
外交では中国で権力を持った鄧小平に二十年でＧＮＰを四倍増にすることを言って信頼を得て日中関係が良好になった。
昭和五十四年、総選挙では一般消費税導入を語り、惨敗した。
昭五十五年選挙中に急死した。
（第四十四代）**鈴木善幸**。
何故、どうして総理大臣になったの？
渡り鳥
社会党から代議士
社会革新等
民主自由党
自民党
（第四十五代）**中曽根康弘**。
青年将校、よく言われた風見鶏。レーガンに媚びロン・ヤス関係協調。調子に乗って「日本は米国の不沈空母だ」などと格好の良いこと言ってるつもりだったが、意味わからない・・・。言語明瞭意味不明と言われる所以だった。バブル経済が日本の息の根を止めた。

地方分散策を否定し、東京一極集中を是認した。東京都心部は不動産の急騰。国有地の放出など大企業、大手不動産会社が儲け、地価上昇が異常で、それでも中曽根は何ら手を打たず、史上最悪のリーダーであった。

行革、民活、民営化は果たして誰が得をしたのか。少なくとも国民は苦しむだけだ。国鉄を民営化し、大儲けをした。他は言語明瞭意味不明の総理として、この人間が一党を最強にする布石を打った。労組を潰した最初の人間だ。

中曽根の引起したバブル経済こそ拝金主義。軽薄さ、伝統的街並や自然景観の消滅など日本文化の消失した。

（第四十六代）**竹下登**。昭和六十二年十一月六日～平成元年六月三日。県議出身。ふるさと創生を看板にしたが、地方自治体は一億円の使い道に面食らう方が多かった。

消費税導入に反発した国民。三％に国民が大反対をした。

リクルート事件で終わる。竹下の金庫番青木伊平自殺。これはリクルート・コスモス社未公開株を中曽根、竹下、宮沢、安倍に譲渡した。

（第四十七代）**宇野宗佑**。在職六十九日のスキャンダル（女性）総理。

（第四十八代）**海部俊樹**。

早稲田大学雄弁会。バブル崩壊、湾岸戦争の中、特別な政策はなかった。

クリーンな三木武夫を尊敬し、若々しい失敗政治。

湾岸戦争では人的貢献ができないのは当然であるが、財政拠出で済ませたことがブッシュに悪評であった。

自民・社会両党議員による金丸訪朝団の一員で平壌を訪れたが、政府との深い折り合いがなく成功とは言えないものだった。チャンスだったが。

結局湾岸戦争バブル崩壊で失脚。

（第四十九代）**宮澤喜一**。

大蔵官僚。英語力に優れている。ハト派。「自衛隊が大砲持って海外に行ってはいけないと。」大切な言葉。後輩達に聞かせたい護憲派。

英語力を活かし、頭を使って海外との対話ができたのに残念だ。

（第五十代）**細川護熙**。

殿様。近衛文麿の孫。日本新党結成。自民党五十五年政権を倒した。

東京集中が日本を滅ぼす・・・と。もっと具体的に発言して欲しかった。

小選挙区制を実現。最近、これが失敗だったと言う政治家、政治評論家が少なくない。小沢の発案で細川護煕が、武村、公明の市川らの支持で総理になったが、最期は内部分裂が起き、また佐川急便事件も有り突然辞任した。

（第五十一代）**羽田孜**。

新生党。総合農政推進。小選挙区制度の確立を担う。余りにも総理の在任期間が短かった。後継は自民党河野洋平総裁が順当だが亀井静香らが推した。

（第五十二代）**村山富市**。

自社さきがけ連立政権で、社会党が政権を獲得したようだが、日本社会党が絶滅へと向かうキッカケとなった。

村山談話。「侵略」「植民地支配」について公式に謝罪した。

これは歴代政権に引き継がれ、日本国の公式歴史見解として扱われている。

しかし最近の政権では、反省の意味が分からないせいか、段々薄れてきている。住専処理が唯一の経済政策。

阪神淡路大震災では遠慮なく主導で自衛隊を使えば良かった。国家の復興本部を置いた方が良かった。災害時ボランティアの方々には頭が下がるが、ここは常に体力増強の訓練をしている自衛隊出動を即刻実現すべきだった。

（第五十三代）**橋本龍太郎**。

厚生族。省庁再編に失敗。景気対策も失敗。

　第一次　平８　１９９６年１／11〜平８　11／７

　第二次　平８　11／７〜平10　１９９８　１／30

厚生族、政策の具体化を期待される。

アルピニスト剣道六段。厚生、運輸、蔵相通産相大臣としての手腕は大きい。福祉医療にも強かった。六大改革を並べた。経済構造改革、金融システム改革、財政構造改革、社会保障構造改革、教育改革、並べ過ぎた感がある。

案の定、霞ヶ関と族議員の抵抗に合い、実質的な改革を他の人間はついて来れない。

一府二二省庁が一府一二省庁に纏められたが、意味が余りなかった。

大蔵省が財務省になり、他にもいろいろ呼称が変わったが。

外交では、豊かで正確な知識を持ち堅実な外交を繰り広げた。ロシアエリツィン大統領との信頼関係は、特別と、今記したい。

第二次内閣、平成十年、参院選惨敗し、退陣。只彼は蔵相の時、日本国は職人社会ですからと一度、言った事が印象に残っている。

本来、日本の文化資本は職人社会だ。

だから、それを守り持続しなければならない。

後継総裁候補については田中真紀子が、面白い。

凡人、軍人、変人、小渕、梶山、小泉が争ったが、竹下、野中が推す小渕に納まった。

（第五十四代）　**小渕恵三**（凡人）

　平10　7／30～平12　4／5
大平内閣で総務長官、竹下で官房長官。

「平成」の年号を持ってテレビに出た、初めて見た国民も多いでしょう。

金融再生法案に、民主党案に乗り成立した。

自由・公明両党との連立が成立した。

地域振興券導入、周辺事態法、憲法調査会国旗及び国歌法律、通信傍受法国民総背番号制など片付けて行った。

公明の連立には、自民の支持率に影響が合ったが、当時、平和主義、弱者重視を代表するバランサーの役割をしていたが、今はどちらも国民に対しては口先だけになってしまった。

議員定数削減問題で、強硬な主張する小沢一郎に神崎武法とのトップ会談が決裂。

自由党の連立から離れ、突然脳梗塞で倒れた。

後任は青木幹雄官房長官主導で密室選考で森喜朗がなる。

（第五十五代）**森喜朗**。

スポーツ枠で早稲田大とは余り口外しない方が良い。

自民党は金持の息子や五輪選手を公認し、票稼ぎをする。政治家として、どこまで向いているか、人気取りだけ考え選考するから、勇み足が、多い。

安倍晋太郎から、座持ちが良いなど好評。

外交ではロシア、北朝鮮との交渉も成果をあげている。何故、今その進言が出来ないか。金儲けが忙しいのかな。何故国立競技場に無駄な税金を使う。そんな時実力行使として顔を出す。

総理の発言、「日本は神の国」「無党派層の人は投票せず寝ていて欲しい」。これなんか何を考えているか頭の中を調べたい。

えひめ丸事件、ゴルフを終るまで続けている。我々民間人だって飛んで行くだろう。

最低の支持率で一年しか政権は持たなかった。

我々も野中広務の発言によって円高安が、いつも左右されていた。

公明党もハト派的、社会公正重視の色合濃い野中を望んだ。

野中は固辞した。

そこで旧竹下派打倒に執念を燃やす田中真紀子が、変人小泉純一郎を応援、予備選で、小泉純一郎が圧倒的な強さを見せた。


（第五十六代）**小泉純一郎**。

第一次　平13　4／26～15　11／19
第二　　平15　11／19～17　9／21
第三　　平17　9／21

父純也の死に伴い立候補、落選。その後、福田赳夫の書生しながら次回当選。

竹下の厚相、宮沢の郵相、橋本の厚相。

大蔵族で郵政民営化を主張、郵相のこと、良く分ってない、事務方と対立は当然だ。

格差社会をもたらす。

政策の前提の事実認識を考える人間でない口先だけで終る。

国会では質問には全く答えなく関係なく、ベラベラ喋るだけで質問者はいらいらし、時間が終る。自民党をぶっ毀すと言って、投票者は格好良いと思う人間も多い。又小泉チルドレンと言って人気のあるスポーツ選手とか小綺麗おばさん、政治に無関係な人間を公認し、大勝利する。政治はパフォーマンスではない。小泉は訳分らんパフォーマンスを繰返すだけで国民を騙し続けた。

道路公団や郵政の民営化を最大の目標にした。それが最大の行政改革か、自分でも、分ってないんだろう。責任転嫁の基本を造った。具体策は何もない。

だから、道路はガタガタ、工事の計画性は、統一されない。郵政も遅配、誤配なども多く職員が、中元歳暮のセールス、年賀葉書の電話予約までノルマ化している。

国鉄が民営化で、トイレは汚い地方の、電車は臭い、窓硝子は、外、見えない、線路は草でぼうぼう、民営化で良いことがあるか、国の仕事が減って、国債は増える一方。

この政権では、地域格差、階級格差が拡大するだけだ。

内閣改造では友人イエスマンだけ集めて、友人内閣と良く言われた。

地方が衰退しようが、庶民の苦しみがどうあろうと、全く自分に関係ない。

少子高齢化、人口減少に入ろうが関係ないので、対策は殆んどやらない。

米国のブッシュとは友人で初の本格派兵も国連から認知されない戦争と云うことで、認められない。

今のお笑い芸人と同じ。自分だけが笑っていた。廻りは「シラー」。

東亜で深刻な孤立化した。ロシアとの関係は悪化。

北朝鮮に行って拉致問題等、首脳と会うが相手のこと、日本が何を相手国に行なったかの謝罪も無いので、相当不信に思わせた。

国内でも、諸問題に対し、自らの考えが無い為対策も全く立てられない。

議員辞職後も、原発０と言い放し、だからと、具体策は何も無い。

残念乍ら、口先だけの純ちゃんで終るのだろうな。

小沢一郎と言う男、決して表に出なかった。

民主党政権になったのは、日本新党政権を初め、自由党、新生党などで政権の手廻しは凄い、民主党として、大企業まで味方にし、総選挙で大勝し、協力させ鳩山由紀夫総理を造った。

鳩山は、国民の支持を得るに値する、ビジョンであった。

只、しっかりした、顔・声を出さない。そして演説は上手くない。力強さがない。国民には自信のないように見える。

自民党は間違ってもいろんなデータを出し質問をするので、殆ど答えが、真実だけに偽りだけの自民には勝てない。

良い案を多く提出したが、自民党に阻まれた。

特に沖縄から米軍を追い出すのは、必ずしも間違いではない。

沖縄の地形では、戦闘機の離発着は無理だからだ。

全て調査不足で退陣した。

小沢の顔が本来政治家に必要だったが、菅直人が代表選で小沢に勝ち総理になった。

鳩山と同じ理工系だから、廻りも読めない質問の答えが真面目過ぎるので、突込まれる。

倒々、東北大震災で、福島原発が破壊され大事故が起きた。

菅総理は事故現場を一早く視察すべく、飛んだ。

それを、自民党が責めて、退陣に追い込んだ。

真面目な男だから、責められれば、真面目に答えてしまう。

自民党の総理のように、質問に真面目に答えず、無駄話、無駄時間を費やし、質問者を苛つかせ時間切れ。小泉政権から、受継れた作戦今もノラリクラリやっている。(今の国会は中学生日記の方が上だ)

それに比べ、現場直行した事を責め続けられた。俺だったら「私は工学部卆。技術者として、即刻現場状況から、東電に対し的確な指示することが、最も大事で復興計画のため早く見ることが大切ではないか」文系の皆皆様には理解できないのだろうが。

「官邸には、関係各大臣が待機し私の指示を待たせていた」

「何ら支障ない御心配無く」と結ぶ。

しかし、言葉尻を捕えられ、退陣した。

野田総理も、全く迫力が無かった。

都議会選の時に二子玉川駅で会ったが、都民に訴える力強さを感じない。

都民のこころに迫る、演説、顔付に悲壮感を見せることが必要と思うが。

やはり惨敗した。

消費税の税率を上げることを迫られ、議員削減等議員立法を通す約束を次の安倍政権に引継ぐことで、総理を譲るはめになった。

安倍政権が、病で倒れた後、再出場となる。長期政権として、長いだけ座り続け。

子供じみた演説は聞くのも恥しいほどだ。

安倍のミクスはミステイク。頭の構造が分からない。何一つ国民に具体的説明がない（純ちゃんの教え）。

安倍のマスクは、臭い小さい苦しい。

アホのマスクに、二八〇億ドブに捨てた。

国民の税金は、真面目に働いたことが無い。

だから、金の価値が分らない。

外交でも何ら成果がない。

米国のトランプ（アメリカファーストと言っている大統領）トランプ外交、日本に何がプラスだったか。

ゴルフ外交とは呆れるバンカーの中で、引繰り返って、腹《ハラ》を出し（マナー違反）トランプはグリーンの上で安倍のバンカーホームランをナイスキャッチそのまゝホールヘイン（ルール違反）罰４？

ロシア・中国・北鮮には総理の席に長い間いただけで何もやってない。俺は都議選、国立駅前で幼稚な演説、我慢出来ず。「はっきり腹の底から声を出せ何を言ってるか分らんぞ」と叫んだ。

直ぐ様ＳＰが車の廻りを塞いだが、間も無く「腹の底から、本気で申し上げる」と言って僕の方を見てくれた。何だ、知り合いかと言う感じでＳＰは、下がって行った。「やはり正直な人間は、自民党で選挙に勝てない」と直接聞いていたがその腹底議員は次回選挙で落選した。

そこで分った。自民党にいる以上、正しいことを正しいと頑張ると生きられないんだ。

総理が間違った事を言っても、閣僚になるためには、イエスマンでないとならないことを。

政府、総理がデフレ・円安・油、値上から物価上昇は止めることをしない何故か。

国民はどんどん苦しめられる政策も、どんな間違いも、指摘する、経験豊富な長老も何も言えないのは何故？　国民を苦しめる程、自分達の懐は厚く広くなるからか。

安倍の本当の祖父（父方の）は、安倍寛である。彼ら戦時中大政翼賛会に対抗し三木武夫、尾崎行雄と三人で、衆議院に当選している。

その祖父の母校が全焼した時のこと。

三日後、その学校復興の木材を全て校庭に運んだとのこと。

恐らく私財を投げ売って調達したことだろう。

その学校が、当選した時に多額のお祝金を持ってきた。

その時安倍寛は、学校に対し「今後も入り用ですでしょう。その時の為にお持ち下さい」

信念・互情・愛、気骨ある、清廉潔白、素晴らしい人間である。その方の孫が晋三君、一滴の血も継がってないのかな――

良く考えて墓前に立ちなさいと、生前に書いていた。

気の毒な死に方だった。きちっと謝罪して逝きたかったね。

只、君の功は、統一教会と自民党の関係が明らさまになったことだ。

しかし寛様と違って母方の祖父、頭が切れ信号無視してでも方向転換のウマイ人。

岸信介が、最初に協会と付合ったらしい。

全く直逆の祖父を持った。悲劇だろうな。

今でも君達を恨んでる民がいるんだよ。

その後、暗幕の力と官房長官時代の所持金も、並以上、何十億あった総裁選前の六月決まっていた。

菅総理が誕生した。どこか鈴木善行を思い出す。

ロベタだから、野党の質問の答えも短いのは良かった。

責められても誰かに教わったようトボケぶり。

ただおかしかったのは、息子に対して、責任を問われた時に、「息子と人格が違う」との答えに唖然とした。

その点、今の岸田総理は、良い加減に良く喋る。例えば、総理官邸で、息子や家族が忘年会をやったらしい。写真にも本人が写っている。官邸には誰でも入れることか。

税金で造っていることは誰でも分っているそこに入ったら、私的も公的もないだろう。

そんな発言をさせる認める野党は何を考えているのか。

菅直人は、官邸の危機管理で下ろされたんだろう。思い出せよ！

野党もしっかりして欲しいな。

岸田総理前文に出ているので割愛《かつあい》。

皆さんが、毎日、新聞を読んで戴くと、この人間良くこのイスにしがみ付けるもんだ。

「日本の文化資本」日本は職人の技術で守られて来た。

それを一人だけ政治家が言った。「日本は職人社会ですから」と。これは大蔵大臣時代「ですからが口ぐせ」でに言っていたことだが、総理になって以降聞いたことがない。

その他、日本語の分からない総理。

官房長官が何故総理になれるのか、最近二人いる。たんまり資金力を持っているからか。

自民党をぶっ壊す・・・と言っていた総理。候補者をチルドレンと言って、間違って大勝利してしまった。郵政のことをどれほど理解していたか分からんが、民営化して混乱を招いた。はぐらかし法。真実を言えない総理の走り。そしてハッキリ物言わない総理。深くものを考えず、言わばですねー・・・、いわゆるですねえ、言葉も不明で意味分からん。何を言っているのかサッパリ分からん。

いつからか国会は質問、解答もメモを読むだけになった。野党の質問をはぐらかし、真剣に向き合わない。

五．国民の怒り

1．一言一句

国民一人々この国を考えよう。次の●を参考にもっともっと怒りを発信しよう！

●国民の無関心が最も危険

●日本を救うのは国民の真の総意が必要ではないか

●国民に不満がある、それなら爆発しよう。皆でぶつけるところを考えよう

●人間は感動する動物である。心が動くとも言う

●働いたことのない人間に政治は任せられない。人を動かせない

●誤りもごり押しする。多数決は民主主義ではなく詐欺主義に等しい

●どこまで国民を騙せば済むのか。国民も時と共に忘れる。最も危険

●司法を独立させよう。最高裁長官は総理の介入をさせない

衆議院議員選挙の横の用紙に判事に×をするのはおかしい。信任に○をつけるのが正解だ。すぐ変えるべきだ。日本国民の多くは、用紙を見て考えて記入することはしない。

●税金は誰のもの。政府の嘘を見抜こう

●悪人が政治家になる。裏金造の名人

●日本の赤字は国民に発表　二千七百四十兆円　黒字は、実は総資産財務省が九千七百兆円有る。驚きその三倍とも四倍とも。

●隔差拡大・資産家、大手企業の反省が無い限り国民の敵が必ず勝つ

国、政府は、日本国を、国民の命を、本当に、守っていると、言えるだろうか。

責任政党とは、名ばかりで、金造り、票の集める団体で、全く無責任政党と言わざるを得ない。

しかも国家予算についても、何ら説明できず、金が無くても百十四兆円の予算を無理に通す無謀な集団、善良な血税を納める国民は詐欺集団としか思っていない。

何が平然と新民主々義だ。詐欺主義者が、日本の中枢は好き勝手に、多数決で何でも、出来ると勘違も甚しい。

中には、素晴らしい北海道の青年自民政治家もいるが、多くは、世襲が多く、下働きしたり、真剣に働く意欲があった人間が少ない。

だから、国民、特に子供達のことを考えている人間が少ない。

口先だけ人真似で少子化社会など言うが真剣に考えている人間がいると思わない。

今、子供達の中で、日本の赤字が二千七百兆円余りあることを知り不安になっている。

赤字国債など、子供達の中で将来を心配している子が増えている。

こんな哀しい想いをさせて、何とも思っていないのか、今の総理「様々なこと何にも考えてない、実に危険だ。自らの考えは、何もないんだ。説明する考えなど頭に浮かばないんだ」

今後増々日本の人口が減少する。

八千万人を切ると日本は消滅する。

それも考えられないなら政治家を辞すべきだ。

今の政府は、金儲、票集には、実に天才である。

大企業や宗教団体、資産家の資産を増長をさせ、自民党は、いつまでも安泰だ。

円高の対策は何故やらないか、逆の方が良いからだ。

大企業が輸出で、大儲け、また企業メーカが、半導体や部品の輸入が不足と国民を騙し物価高、日用品で10～15％、建設物価は30％強、これでは、賃上げ5．8％と連合会長が、喜ぶだけで何にもならない。

今後また光熱費が軒並み上がる、などは企業優先国民無視、とんでもない。首悩だか無悩だか、知らないが、何も考えてないんだ。総選挙を思いついたら、見え々の北朝訪問、だから北朝のお姉ちゃんに、断られるんだ。いつも口から出任せだ。いつものことだから言ったことも覚えていない。

三月二十八日テレビで、自民は小野寺氏、公明は元防大準教授どちらも戦争が嫌いでない。共産は若手の山添氏の対談を見て驚いた。

日本国憲法九条を噛み締めることだ。

野党も、理解し良く読むことだ。この項目は日本人幣原喜重郎の発案と言われている。

この九条を改悪することは絶対許せない。

今の政府はどちらかと言うと憲法九条違反になると国民の殆んどは思っているはずだ。

閣議決定で戦闘機を輸出するとした。

戦争当事国を除くから良いと決めた。これなんか◯ホとしか言いようがない。

公明党は戦争反対は結党以来だったろう。

もうこの党の存在はない。たった一つの大臣の椅子のため連立を組んでいるのか。そして共産の、山添氏、(何故かそこには立憲がいない) しかし声は小さいが、国民目線で言った。

「米国がウクライナに対し、兵器、戦闘機、など、援助する」と在庫がないと発表している。

そこで「米国に輸出したらどうなる」山添氏の弁。

考えなくとも分るはずだ。その意見に反論する人間はいなかった。

日本は絶対戦闘機だけでなく、兵器、爆薬を造ることもやってはいけない。

米国を援助することは、ロシアを始め中国、北朝鮮を刺激するばかりでなく、プーチンのような、昔、親日派を装った人間が何故変ってしまった。北方領土のことは全く考えてないのは政府が真面目に対話を出来ないからだ。

国後に軍事施設もあるという。日本政府の対応次第で、北海道のオホーツク沿岸、羅臼から、根室までの太平洋沿岸、一体どうなってしまうのか、考えたことがあるのか。

また、沖縄の無駄な辺野古基地に幾ら費すことも、完成の見当もつかない。

もし出来上がったとしてもそこに米海軍がいると思っているのか。

米軍が悪いとは思ってはいないが、数々の戦争に於て、ベトナム、イラク、アフガン等どれを取っても中途退散している。

沖縄についても、周辺に米海軍二千五百人、若し中国が台湾問題でこじれるとしたら、台湾本島より、沖縄周辺に十万人の海兵隊を送り込むことだろう。米軍は撤退せざるを得ない。

従って、北海道、沖縄、いや日本を守るのは、防衛費を増やしても、自衛隊員が毎年減少していく傾向にあり隣国には金も兵も勝るものは何一つない。

従って、対面、対話交渉に徹し友交国として、その国の働きたい人々を、北海道の広いまだ未開地を、真に北海道を守り持続させる代表の主導で、ロ、中、韓、北鮮、豪、それぞれの友交コミュニティーを造ることだ。

中央政権に任したら、北海道は無くなる。

今の主脳に、責任をとることが全くないからだ。逃げの一手、一党独裁だから、何やっても通る、と勘違いをしている。「説明責任」を果たす、促す、国語の勉強をしてもらいたい。意味不明の言葉だ。だから、責任を取ったことが、ないんだ。

責任を取る、動詞、説明責任とは逃げの一手。

昔から理由を述べて責任をとる。辞職ということだ。それが責任だ。

災害について、予防策を全く取らないのも建設省や運輸省が、国交省になってから、ボーとした省庁大臣が続いている。

地震については、南海トラフ地震を得意になって、考えられない大被害を、メディアを、通じて発表する。

国民はそれを聞いた時だけ不安がるだけだ。

それは、国交省は、耐震・免震などと言って超高層を認めた責任は、どう取る。地震国の日本は、二十米以内、七階建までと決めていたはずである。

それが、デジタル化を普及させ人間の目で計算出来なくなった、人の動きも分らない。

大手企業や儲主義の建築関係者によって、無闇矢鱈に建ててしまった。

大地震が来たら、ビルの中には居られない。外に出たら、硝子の破片が飛んでくる。

予測を、きちっと考えてチェックしていないから、無責任省と言われる。

想定外など言って責任免れをするだけだ。

災害を予想して発表したら、国民の命を、どのようにして守るか、考えて教えて欲しい偉い先生方だったら、お分りと思う。

国民が望んでいるのは、安全で安心出来る避難先ではないか。

1　防衛費（ミサイル迎撃で国民の命は守れない）。自民の石破氏が国会で質問。
2　国立競技場に三兆円（そんなに掛ってないと言う人もいる）残りは誰が？
3　大阪万博目的が予算が未だに分ってない。目的も発表出来ないのに進めて良いのか。
4　カジノで、国民の命を守れるか。
5　東京都庁は、有楽町第二庁舎失敗の設計者だった。

何故巨大で驚くだけだ。本当は、都民のため都民の憩いの場所で無ければならないと素晴らしい設計があったはずが、失敗設計者に決めた裏は何か。相当無駄な金が飛んだと憶測せざるを得ない。

1～5までの無駄な金は政府にも残り、国民には想像つかない、余剰金があるはずだ。日本の総資産九千七百兆円があるのだ（財務省が国会で発表）。

その予算を立て、都道府県の、危険地域を設定し、二千棟以上の避難所（シェルター）平隠時は地区会館・集会所・場所によっては結婚式場にもなる施設が出来るはずだ。

最近の災害時、後手を踏む、不便な仮設住宅、完成も程遠い不人気の建物を造ることはなく、頑強な絶対壊れない建造物を先に建立する（日本の建設に土木の技術が必ず必要になる）

それが、口先だけでなく真に国民の命を守ることだ。必ず国民は納得するだろう。

もう一つ、国交省のミスを付加えて置きたい。

今年一月二日、羽田滑走路に海保機が、入って、日航機が、管制官の指示通り着陸した。

そこに存在してはいけない機体があり衝突し全燃した。日航の乗員の機転により大惨事をのがれた。

この事故の否は日航側には皆無である。

昔運輸大臣だったら、着陸する所に国の海保機が浸入、それを見落した。管制官の責任は、重大である。

との原因を説明して、一両日中に謝罪したはずだ。今の国交省も総理もいまだに、謝罪の会見はない。責任感が全くない。

この二人、日本人として、いや人間として恥を知るべきだ。

しかも日航側が乗客の保障をしたと聞いている。

違うだろう、管制官も海保機も国の物、国が航空機の補償も乗客の補償も全てするべきではないか。

調査をするまでもなく、乗客を火の海に、投げ出し、必死の恐怖を与えた責任は、管制官が、海保機を見落したことに尽きる。

国は調査に時間を掛け、国民の気を忘れるまで待ち、ウヤムヤにする。ズルイ政府だ。

調査内容が過去に何度も、管制官のミスで事故の危険があった。「平気で良く言えることか」「国民よ考えよ、何故なのか」と。こんな政府あって良いものか。

日本の政府各省庁は〇カがつく程学習能力がなく、人ごとにし反省することが皆無である。

今まで、事前対策を考える人間が政治家にいなく、学術、専門、有識者、言葉を並べた。

2．老建築、死ぬ前に言っておきたいことが、ある。

私は、二月十四日七十九才になったばかり、名も無い、金もない、地盤もない、生れも最も東の外れ、田舎町知床の玄関口斜里町の出身である。道産子特有の強い意地は誰にも負けない。そして、信念「建築とは心の動きそのものである」と言い続けてきた。

携さわった、建築設計、監理、造り上げた建築は、数だけは多い二千二百棟を超えるが、どの建物も、当時を振り返り心が揺れ、涙が滲む。

建築主とは初対面から、心と心の振れ合いが大切、そして初めて設計計画に入る。

着工したなら、建築主の心、財産を守る、工事監理を行なう、ＣＭが建築家の職能だ。

実務の技術者・職人は、最も大切にし腹を割って、お互いの熱意で完成品を造り上げる。

竣工、出来上がった建築を見て、建築主はドアを開けた瞬間、感動、「わぁー」と心が動く。

これが建築本来の姿だ。

このように自分だけかも知れないが信念の心の建築家として、生きて来た。

そこで、現在の建築界は心配なことばかり。

デジタル化は、建設業やメーカの存続の為に進めているとしか思えない。(利益追求のみだ)

国が国民（顧客）、職人不足を真剣に考えたなら、本来の建築はＣＡＤだけでは出来ないことが分らないのだろうか。

ＰＣにインプットしてデーターで、設計が出来るだろうか、そしてＣＡＤで、図面とする、誰がやっても同じ線（ライン）。

線（ライン）は、設計の命（何種類も有る）、それで、自由に表現できるものである。そして設計には終りと言うことがない。

顧客の立場は、次回出てくる図、エスキースを期待している。何度も、消し、書き直しを繰返すプランに表現した手書きの線が設計者の心、人柄を理解してくれたものである。

外のどんな文章でも、手書は古いだけと思わず、字そのものに感情が出てくるものだ。

私は五十代の頃から、講演や研修などの、集りの時、必ず「人間は何の為に生れてきたのか」と問い掛け「それは愛のためである」と結んでから始める。—最終的の愛は「自然資源を愛し流通、コストの管理が大切」である。建築は特に完成し引渡す時まで我が子のように愛する物である。

他の行政について、役所の窓口に行っても挨拶から始まるもので心の振れ合いがあったと思う。年寄りはホットする事もあった。今は、カード出して、何番の窓口で待つ、そこには全く暖かみのある雰囲気などなく殺伐として味気ない。

そんなに、スピディが大切で、全てデジタル化で良いのだろうか。

金融機関関係にしても、「データから考え、融資できない」ことが少なくない。

全く預金者への親切心のある解答はないことが多い。

このまゝ政府の言うカードだ、デジタル化が進んでしまうと、今まで培ってきた日本の伝統文化、相手を想う「互譲の精神」が失なわれてしまって良いものだろうか。

今の政府の中枢には自分の事しか考えず、省力化が、企業の利益追求の片棒を担ぐだけが良いと思っているのかも知れない。

建設物価は止まることの対策も打たないのは何故か、円安も、半導体不足などを世間に広げたり自らの作戦としか思えない。

この無策のために、個人の建築主は困窮し職人も建築界から去って行く。職人不足は免れない。それでも国が何ら説明をしない。対策も皆無だ。

それどころか、国や自治体の仕事は、反省することなく、税金だから、平気で建設費を上げるのか。尚余剰金を自分の懐に入れているのでは、と勘繰りたい程である。

・国民は今の政府の不真面目さに、アキアキ怒り心頭に達し、政府を全く信用してない。それは、国民の為に責任を取ったことがないからだ。実行予算を国民に発表しろ。

裏金・汚金が無く、税金で行う公共事業のコストを明確にするだけで、建設費は、下がるはずだ。民間だと血眼で金融庁が実予算を探し出しているだろう。国は公共事業の予算を発表しない。―裏金造りか―

3. 能登半島地震

次に、能登半島地震が天災で済まされない原因があった、活断層の有無の発表。

二十万年前は、小さな島があり殆ど海だった、現在のような陸地ではなかった。

それが何度かの隆起を重ね、現在の半島が出来た。活断層が多くあると言うことだ。

政府は、調査を真剣に行なっていないし、地方の行政に伝えていない。発表もできない。土地の歴史が最も大切なことが分らないのか。

四mの隆起は、ある程度の予想ができたはずだ。

地盤、地層地質の長所短所の指導がない。

島は海の中、隆起した陸は殆んど海砂、岩ではなかったか。

そのような、予想をしていない、今の国交省では国民を守ることが出来ない。

建設省を復活したなら、建設土木河川も、真剣に目を見張って、しっかり予想を立てる。予想は、責任を必ず取ることだ。

想定は、想定外と言ってひと事で今の国はすぐ逃げる。責任責任とこの二つの言葉、もう使うな。

今度の地震を教訓に、国や自治体の行政もしっかり研究してもらいたい。
総理は初動は「間違ってない。」知事が「地震の研究者を待っていたのは間違いではない」空っぽの君達の頭の中は、正直に言っても、謝らないのと同じことだ。

総論

四月二〇日～二二日、能登半島の輪島に、行って来た。
地震の被害の状況を、詳しく調査をした結果を考え、今後の建築設計の指針にする。

一、木造の住宅の全壊は。
(1)・一階に壁が無く柱も法的には抵触していないだけで、柱と梁の関係、計算だけでなく。行政がバランスを検討し、良く見て、指導すべきだった。
結果、二階屋根の重さ（小松瓦）に耐えられず、一階が押し潰されていた。
(2)・半壊・屋根の損傷に目立つのは、重い小松瓦葺の建物である。
金沢から輪島までの損傷は、低地、田畑の水面地面に近いレベルに建てている。
布基礎のため床下浸水もある。
基礎フーチングの損傷も多い。
(3)・商店、会社、ビル、保育園、など前面道路が損壊していても、前面駐車場の土間が全く破損していない。

その建物の基礎が、耐圧盤でしっかりしている。建物は、全く無傷である。

（4）・ファミリーマートが9軒程、ガソリンスタンド五店舗、勿論地下にオイルタンクなども有り、駐車スペース、スタンド、上屋、全く支障がなかった。

3、4の地震の影響がなかったのは、基礎と地面としっかり結合しているからだ。地盤をしっかり突固め、耐圧盤の基礎が建物の揺れを安定させている。

（5）・道路がガタガタで損傷が激しい。

これは路床を突固めることなく、路盤を造る、砂層のため、仕上の舗装も層が、薄く感じる。

道路工事に国交省の指導は？

高速道路に影響が全くないのは、何故？

それは国交省の指導の管理が行き届いていたのかも知れない。

（6）・ここで分ったこと、国の事業・学校や公共の建物は、全く損傷がない。何故か。税金を使って、あり余る予算を計上できるからだと思う。

輪島に入って

（1）・朝市の焼け跡、写真にあるように、入口の30棟以外は全焼している。

鉄筋コンクリート造の外郭、鉄骨造が焼け爛れた残骸以外、木造の建物は跡形もなかった。基礎は残っていても、不完全な布基礎が寂しくあるだけ。但、朝市内の道路は古いせいか、液状化の損傷はなかった。舗装は十分管理されていた。これだけの広大な市場、走り廻って探したが、消火栓は一ヶ処も見い出せなかった。残念と言うより許せない気がする。

有事を予測して、点検・訓練が消防の仕事ではないのか。県や市は何の仕事をやっているのか、腹立たしい気がする。

（2）・バスステーションへと戻りながら、調査を、進めた。

学校は、昔風のバランスの取れた、鉄筋コンクリート、周囲の土地も支障ない。

裁判所も門塀・アプローチまで無傷。

新聞社、銀行は、耐震性の級を考えるより地震力の制動を考え、耐圧基礎は勿論、周囲隣地と縁を切るためU字溝等をセットし、道路（歩道）が破損しているが、影響がない。

（3）・木造の建物も、隣地周囲、歩道とU字溝など、縁を切っているから。

外から見ても耐圧盤でしっかり守られている。行政や国交省のCPが何を言おうと、建築家の信念。土地の歴史の重要性を考えた、建物は壊れていない。

全壊の木造は、一階柱だけの所が多かった。行政でチェックしていれば防げたはずである。事前調査を国でやることだ。重い小松瓦にそのまゝの屋根に押し潰されている、二階建が完全に平屋、ひどい状況。

半壊で使用出来ない建物60～70度傾いている基礎は、70年間余に何も進歩のない布基礎、内部が空間で交叉部損傷が早く最も弱いキソ。

土台にホールダンとかアンカーボルトを見出すことが出きなかった。

基礎と土台、上屋がフリーの状態で持つ訳がない。

（4）・五島屋、これ程凄惨な事故、7階建の、横倒（縦倒しか）のビルの隣地の地面に三階建ての木造がのめり込まされ、妻と娘を夫の前で息を引取る。こんな悲惨なことが許されるのだろうか。誰の責任か考えて見て欲しい。倒れた隙間から形にない所に、私は、手を合せた。涙が溢れ声を上げて泣いた。

基礎を見る。杭穴が六個浅い穴、杭の役目はない。床から基礎底までが、二メーターと浅過ぎる。地中梁も破断している。最初の地震で基礎が破壊されたのだろう。二度目瞬間倒壊は、誰が考えても当然だ。行政指導は無かったか。国交省のPC任せが紹いた大事故。人を殺したんだ。国も真剣に考えて責任の所在をはっきりすべきである。

（5）・今回の地震の倒壊の原因は。

70年以上法律を考えていない布基礎が殆んどである。

基礎の基準変更は簡単には出来ない。

土地・地盤に歴史が有り、重要である。国交省のCPでは決められない。

地元に永く住んでいる長老やその方の親の意見を聞く必要がある。
コンピューターはそこまで考えられない。
国交省は、反省も含め良く考えるべきだ。

（6）．ここで基礎は絶対壊れない、いくつかの基礎工事を示したい。
（1）布基礎の危険性から↓総耐圧、断熱基礎の研究
（2）既存基礎の補強法
（3）元沼地地耐力○に対応の基礎
（4）鉄筋コンクリート、低層建物の地中を押え込む守られる極力地中に不安な杭を使用しない方が良い。

(1)a 木造の基礎

安全で安心な建物はバランスと基礎である

1980年 安定した頑強な建物を考える。

最も大切な第一に考えるのは、地盤である
その地盤 地層に対し、揺れも安定した基礎
を考える。その地の歴史の調査を怠らない
今回の能登半島は20万年前大半が海だった
隆起を繰返したことは 地層は全く
不安定である。より慎重な調査設計が
必要であった 国交省や行政は指導していた
ならと残念でならない

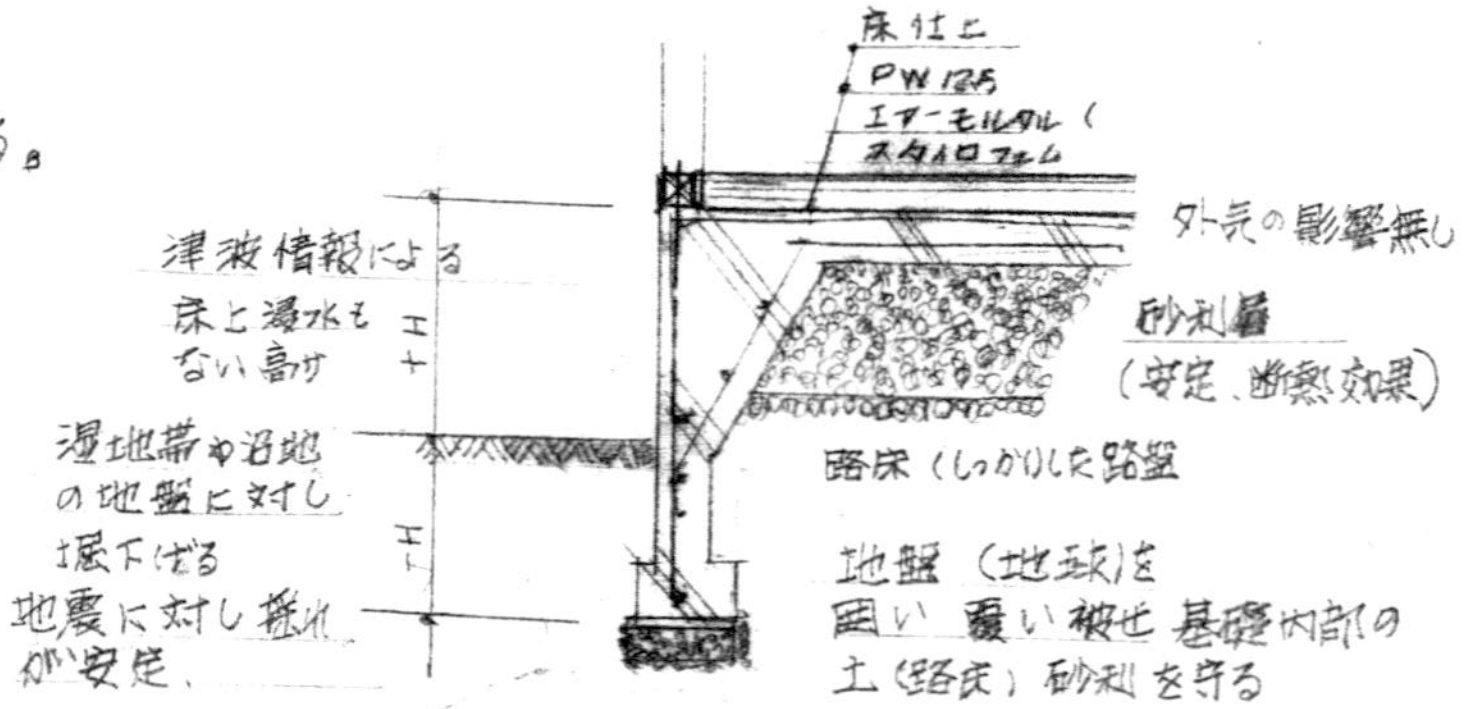

布基礎 70年以上見直さない 基準法 耐震性は?

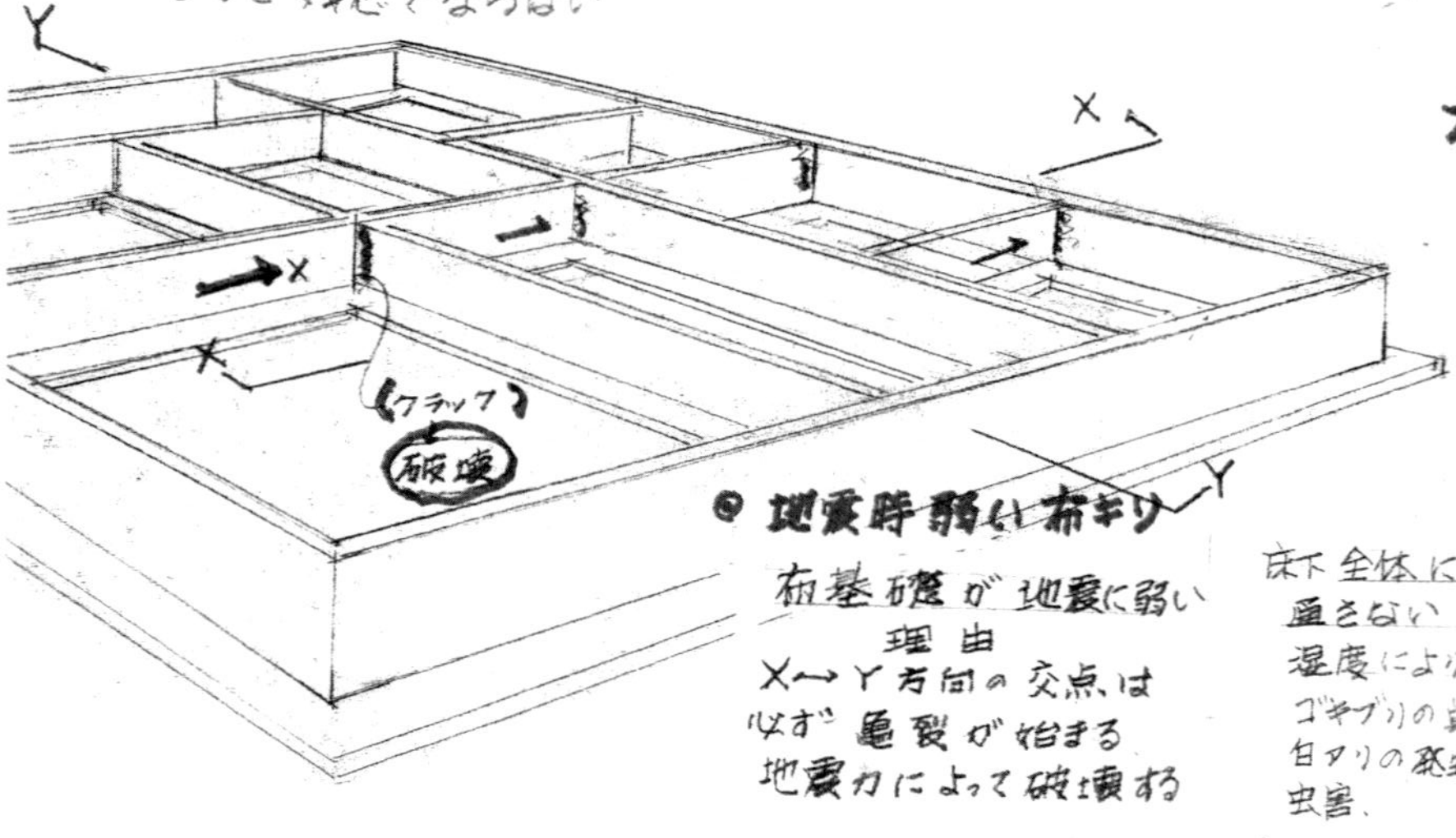

◎ 地震時弱い布キリ

布基礎が地震に弱い
理由
X→Y方向の交点は
必ず亀裂が始まる
地震力によって破壊する

床下全体に風を
通さない
湿度によりカビ発生
ゴキブリの巣が多い
白アリの発生など
虫害、

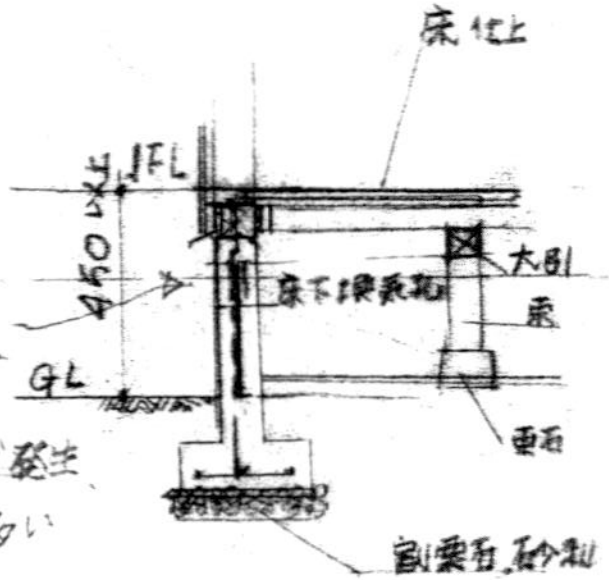

国交省の旧態然の布基礎

床下の空間が
床下の下地
造作材は
束大引根太
木材を使うため
通気を取る

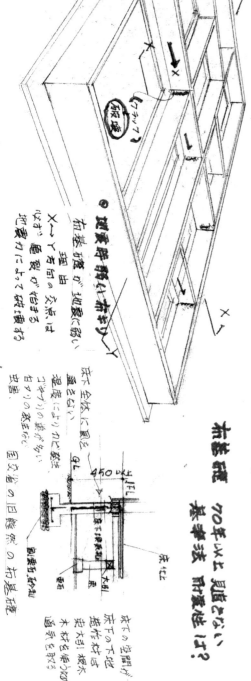

(2) b 木造 既存基礎の補強法

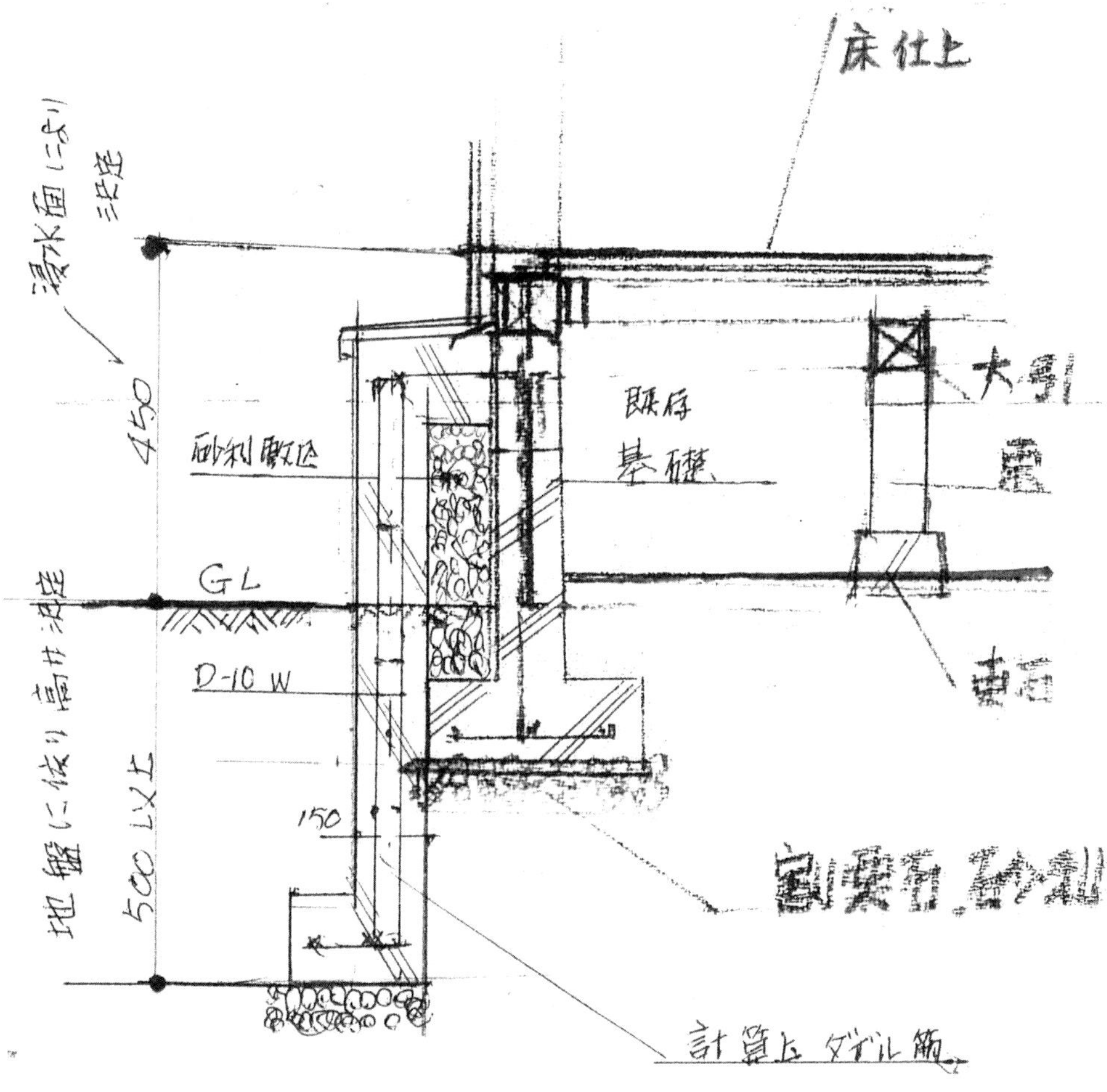

(3)木造　元沼地 地耐力 N値0 の基礎造り

外郭を深く 1,800 ㎜ 堀下げ 路床 300～400 を突固め GL-1500 にフーチング
地盤との接地を大になり(安定) RC スラブ 150厚まで砂利砕石を積上げ断熱層を 300～500
鉄筋コンクリートで、地面を押え付ける 地震時安定した揺れで、上屋の揺れが少ない

堀削

配筋、砂利層 薄い場合 ダブル

基礎の設計

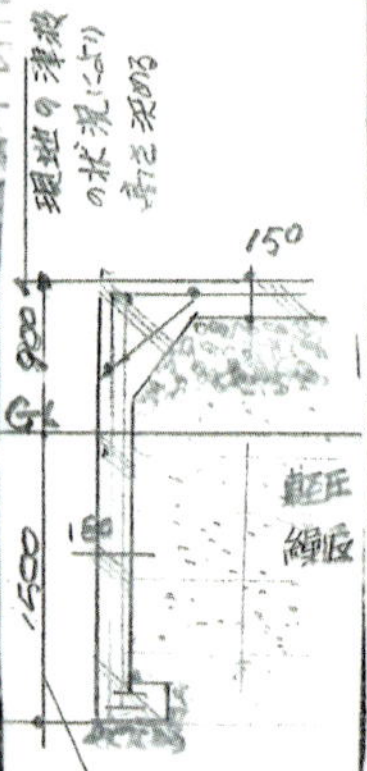

完成後 ▽
床上・床下 浸水無
害虫、無し

コンクリート 打設時

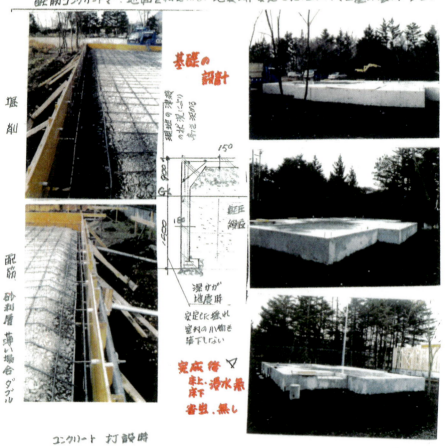

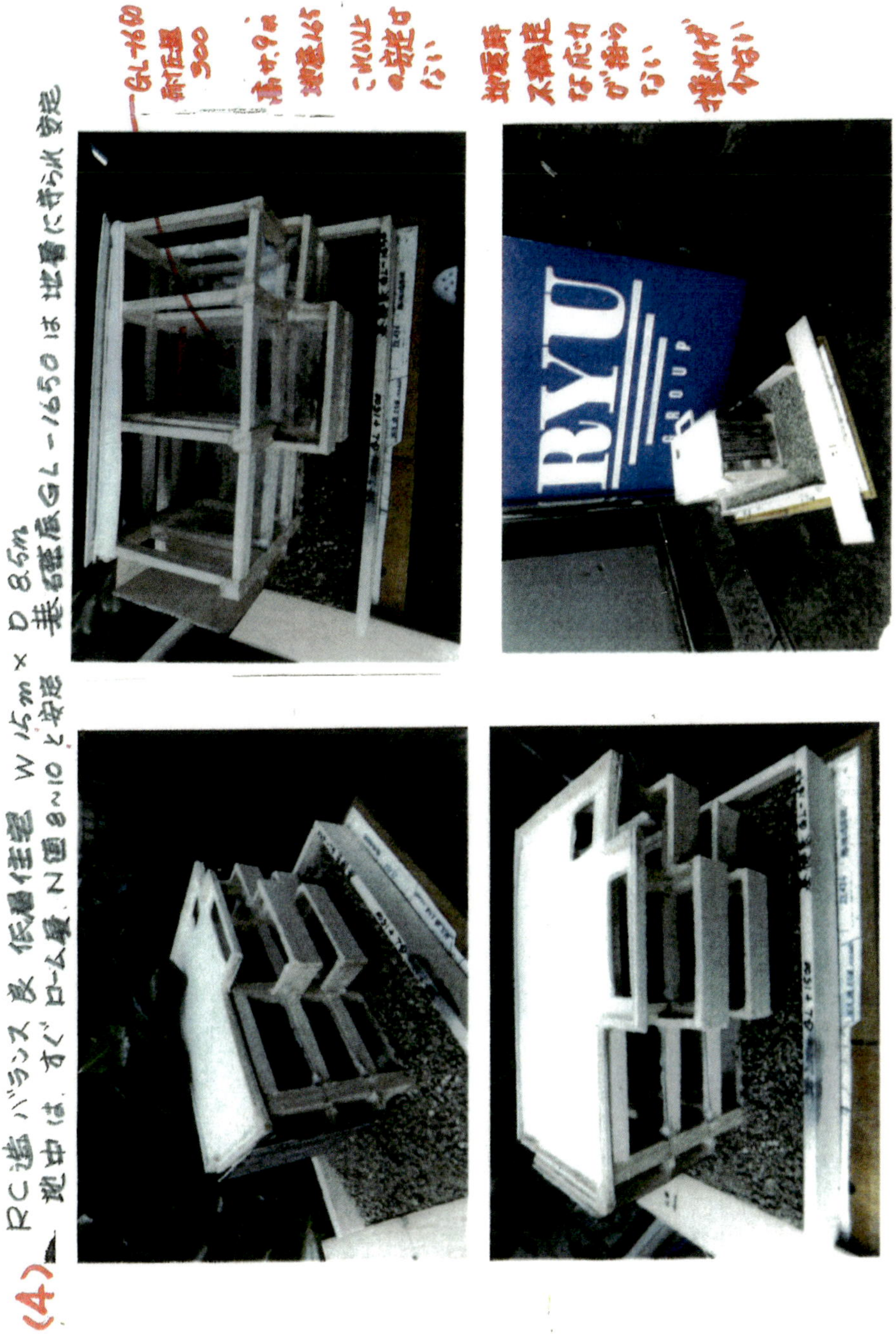
(4) RC造 バランス良 低層住宅 W 15m × D 8.5m
地中は すぐ ローム層 N値8〜10と安定
基礎底GL−1650は地層にささえられ安定
GL-1650
耐圧版 300
高さ9m
地盤も良
これ以上の補強はない
地震時 不等沈下は起こりえない
RYU GROUP

(4)-2　調布市、震度4の地震、3Fの住人「何も感じなかった」

この建物の耐震性を国交省は0だ。(評価)
デジタル。コンピューターが判断できない。

※能登地震は大半は基礎が破壊されている。

デジタルのタワマンは立っていられない。それで良いのか。

最ごに！

今回の倒壊した建物に、応急危険度判定士による、貼紙、危険、と貼られた所有者、（住民）のことを考えたなら居た堪れない。

判定士の方々の御苦労は、並大抵のことではなかったかと思います。

それを二十二年二十三年の震度六以上の地震後にすぐ調査をしていたなら、二百人以上の犠牲者を出さずに済んだはずである。

先の調査費も国で行なうように考えてもらいたい。

地震後に判定する。事前やることは、何故、国や国交省は後手、後手省なんだ。

その時に耐震診断も同時に行なう。

住民は儲主義の診断者に支払うことがないので、協力してくれる。

耐震補強工事は、国が行なう。どう考えても住めない時は不便な仮設住宅ではなく公営住宅や、借上マンション、亦安全な場所に建ててもらう。

そして避難先を明確にしたり、年配者のための安全な、クリニック付集合住宅、そこには光の入る、地下室安全なシェルターを造ることも必要だ。

シェルターと言っても、平隠時、地区会館として、集会所、小コンサート、若者と、年配者のコラボ、幼稚園児と年寄のコラボ。
地元の「憩」の場所として利用できる。
備蓄庫は千人程の十日分、厨房も有る。
国民の命を守る口先だけでなく、日本の総資産九千兆円を有効に使うべきだ。

民間の設計事務所が、自らの所有地、５５０坪の敷地に延、千百坪の鉄筋コンクリート造四階建の、
基本設計を提案する。
地階は、備蓄倉庫、厨房も設備している。
一階は、クリニックゾーンと従事者の室。
二階～四階は、どの部屋からも、海、対岸の千葉まで一望出来る。ゆとり有る、楽しい空間年配者の
20坪、たとえ一人になっても、助け合い孤独死なんて、絶対させない。
最期海を望み「ありがとう」。

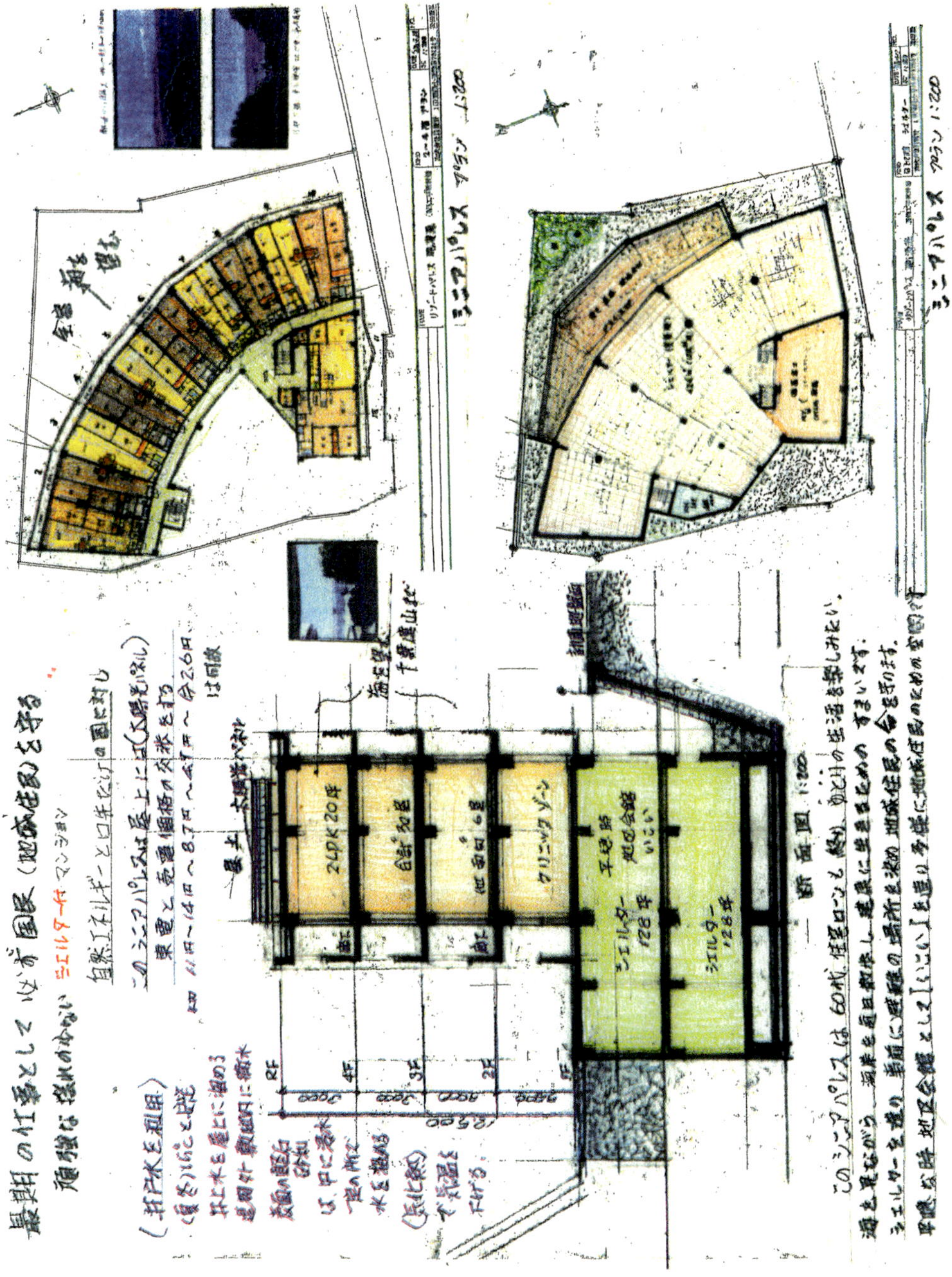
最期の仕事として 必ず国民（地域住民）を守る
頑強な揺れの少ない シエルター付 マンション
自然エネルギーと口先だけの国に対し
このシニアパレスは屋上には（太陽光パネル）
東電と売電価格の交渉をする
11円～14円～8.7円～49円～今2.6円は何故
（井戸水を利用）
（夏冬）いつも安定
井上水を屋上に溜める
表面の砂利は、中に溜水
水を溜める
（気化熱）で気温を下げる。
屋上 太陽光パネル
2LDK 20坪
合計 30室
世帯向 6室
クリニック ゾーン
シエルター 128坪
平穏時 地区会館 いこい
シエルター 128坪
RF
4F
3F
2F
1F
海を望む
千葉鹿山まで
計画地盤面
断面図 1:200
全室 海を望む
シニアパレス プラン 1:200
シニアパレス プラン 1:200
このシニアパレスは 60代 住宅ローンも終り、あと1Hの生活を楽しみたい。
海を見ながら 海岸を毎日散歩し 健康に生きるための すまいです。
シエルターを造り 事前に避難の場所を決め 地域住民の命を守ります。
平穏な時 地区会館として［いこい］を造り 多様に地域住民のための空間です

シェルター付
シニアパレス
設計者

安全 安心の C.M を推進する

RYU《アール ワイ ユー》 GROUP

健築家　　松 田 隆 弘

一級建築士事務所　株式会社　隆 設計　　TEL 045 (912) 3004
〒225-0015　　FAX 045 (910) 0191
横浜市青葉区荏田北 1-17-14　　携帯tel 090-3102-3026
（支所）〒238-0102
三浦市南下浦町菊名48　　TEL 046 (876) 6640
HP: http://www.ryugroup.jp　Email : info@ryugroup.jp

東京建築士会　一級　78124号
応急危険度判定士　45081-0017　インテリアプランナー
88-71936
著書
松田　隆弘　　硝子のこころ
田　龍太郎　(ペンネーム)
日本を守るのは国民の英知・想・そして愛
郷愁 こころの愛、真実の愛
仁と闇　親父のけむり
俺が総理大臣になったなら
能登地震の遺した爪痕

(孫)田　龍彦　僕たちの不安そして愛を

犠牲者の90%が倒壊建物の下 信じられない

2007年震度6強の大きな地震があった。前市長はその後避難所備蓄を増やしインフラ整備、住宅の耐震化を企ったが県や国交省の助言援助がなかった？

避難所
↓
・集会所
(少し心配)・廃校跡地

間違った安全神話、
地元住民は避難所より自宅の方が安心？

しっかりした頑強な建物が少し小高い所にあったら
安心して避難し
命を失うことがなかった
ミサイル迎撃で国民は守れない
国民の命を守るのは何か。県知事、国の首脳が考えることだ。

① 耐震補強していない

基礎が、外壁と一体化していなく揺れ大
外壁や1階から崩壊

② ①も同じ液状化により、道路状況から見て基礎から揺れ大 屋根の破損が激しい ○は前庭があったのだろう残っている

③ 比較的新しいのか、
壁は残っているが、
砂上の基礎 または
補強を正しく施工していれば
補修で済んだかも知れない

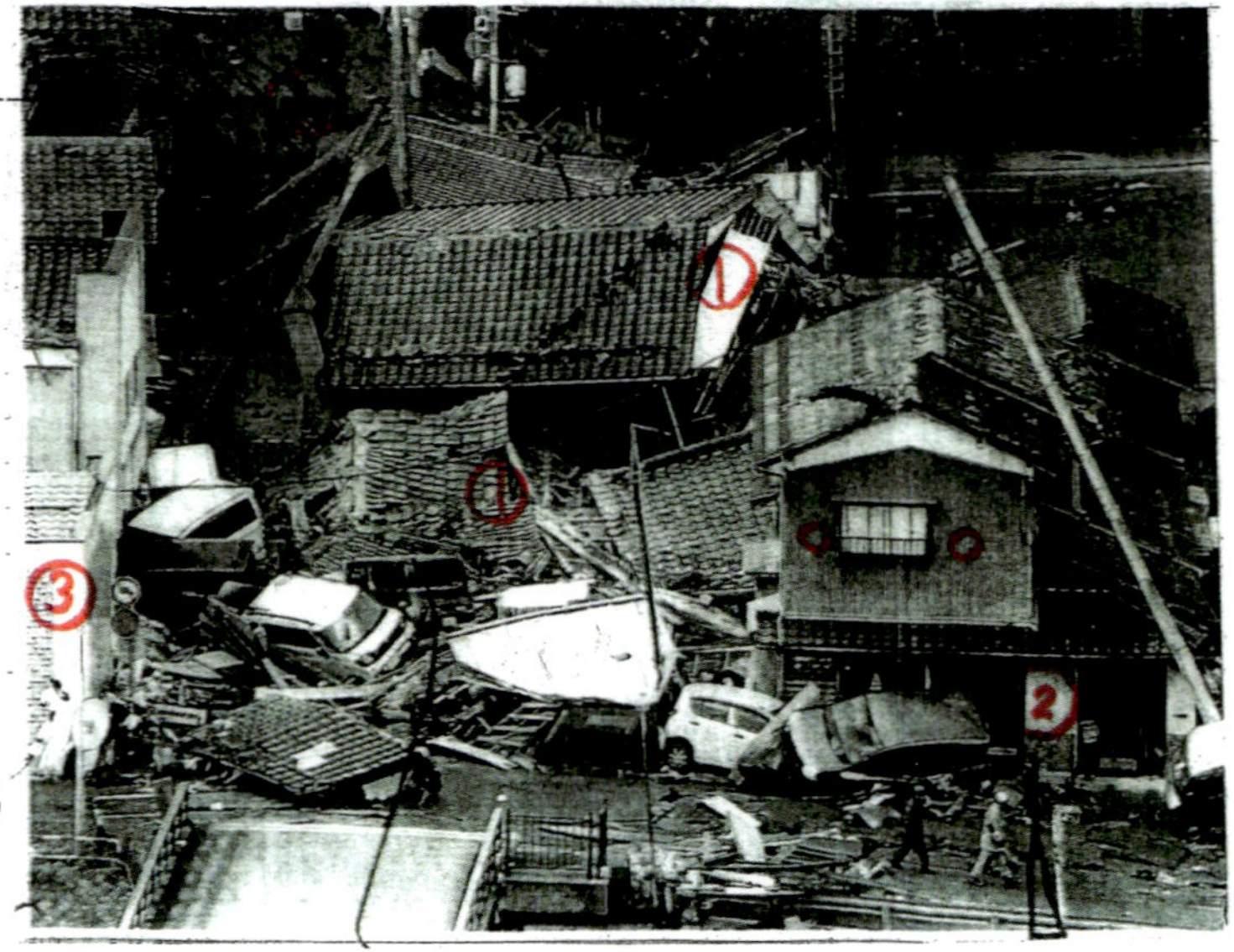

一度目の地震の時、テレビに映し出された珠洲市内は落ち着いていた。一人の女性が歩いて車が1台道路を通行していた。きれいな街並でひっそりしていた。
大体の人は避難していたと思っていた。但し2度目そして津波 遅らせた避難

能登地震 本当の震え

国土交通省のデジタル（データ）の審査を受けた耐震ビルが何故横倒し 責任は誰

デジタルだけで人の命は守れない

土地の歴史を考えろ
年配者（長老）の話を聞け
的確な基礎造り
地層を甘く見るな
大切、

おかしい一
耐震性ビルだけ
（変）基礎から分離！
形違う 倒れて
隣家ペちゃんこ

RC７階建のビル
耐震ビルが何故
行政のコンピューター
誤った建築関係者
デジタルが人を殺した？

私のすまいと店３階建
一瞬の内に潰され完全に埋れた妻、
我が娘が一滴の水を飲ませながら
息を引取ったその光景を想像できるか
地震は天災と言って諦められるか、

この地層に対する
杭と基礎のチェックは建築士（設計）の責任 行政・建築検査機関を指導する立場の国・国交省の
責任は重い

能登半島の20万年前を国は知っていたはず

昔浦底の地層は隆起を繰返すが地盤は砂層
プロなら長所・短点を知っている。対策を施さず経験を通し頭を使う、デジタルは機械を動かし心を動かさない、命を守れない

砂層の上に上に建つ基礎は
RC造＋杭の場合　木造の場合

A 現況地層を一定に突固める（安定）
B 砂利砕石断熱層、冬 冷気遮断 床下空間を造らない 夏 暖気 深い掘りで地盤を包み込む 安定

基礎と杭は完全に定着、

砂上の楼閣 誰が認めたか。？

3

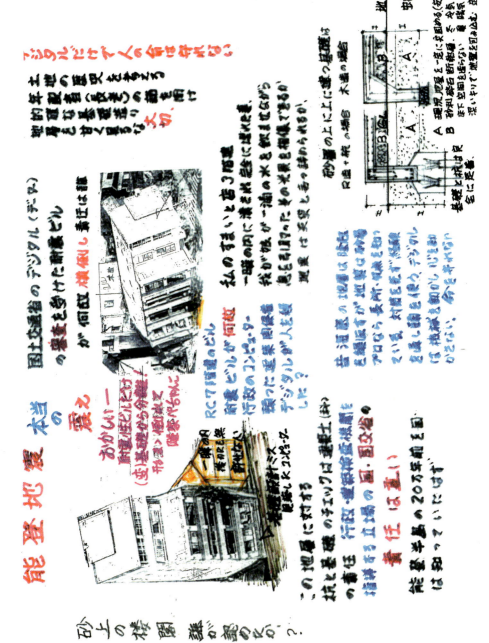

これ程の事故は何故起きたか？
基礎の接合部分から根コソギ倒れた。
下の部分が杭＋キソ＋地中梁 あり得ない破壊。
こんな酷いキソ初めて見た

RC造7階建 あり得ない横倒し
地震だけで片付けられない。娘と妻が夫、兄弟の目前で
息を引取った。3Fの木造店舗が地震でツブれた訳では
ない

総理、政府高官はビルの下に手を合わせ何を感じたか
責任は誰がとるのか

今月初旬
NHKが
地震の特番
車両と紹介される
建築家
上を見て
木造も金物
〇耐震性有
上を見てるだけ
じゃ×なんだ
下のキソ
↓
素人でも分かる
腹立つだろう。

結論、設計か施工の問題か、
元はと言えば国交省のデジタル頼り　危険である。
このまゝだと超高層、タワマンはデジタルが解決出来ない
プロ（職能意識を持った）の経験者の話を聞くべきだ

行政の責任
地中梁などの配筋　国の責任　これがRC7階建の基ソ。

鉄筋ムキ出し

五島屋倒壊
（横倒し）
あってはいけない
他人を巻込（殺め）

単なる地震で
片付られては困る

国交省は調査
し市民 国民に
説明しろ

いつも国は逃げる

横倒しのお隣り久保田さんち
倒れた瞬間、何が起きたか分らない

この木造住宅 どこも被害を受けてない
御主人曰く 2007年の地震で 既存のお住い土蔵が全壊 翌年建替えて 16年 / 土間基礎しっかり 地面を押えている、ために 隣家の影響 全く受けなかった

ポーチ注目、損傷無

◎地盤 地尺 が最も 大切である。

プロと思っているなら 考える 頭で 答えは 無い

この木造
1Fに壁なく
細い柱
持つ訳けない
行政指導
調査
法が誤っている

同じRCの建物、バランス良くガッチリした
公共建物（税金で予算有り）壊れていない
金かけても 追加 補正 何でも 有りですから

RC造７階建 ありえない横倒し
地震だけで 片付けられない、娘と妻が夫・兄弟の目前で
息を引取った。3Fの木造店舗が地震でツブれた訳では
ない

総理、
政府高官
はビルの下
に手を合わせ
何を感じた
か
責任は
誰が
とるのか

悲劇
で片付け
られない

民間、安く仕上げる？ 余り
大切なキソに予算を掛けてない

このように切妻屋根が巾広い場合 中の壁も有効で比較的被害が少ない

公共建物 ここは裁判所

公道はべこべこ ガタガタ.

所内敷地 .
門 塀 所内 全く影響がない

何故? (税金は国民血税
国は使い放題

・国立競技 一兆円追加
大阪万博 目的も言えず 〃
カジノ
四の各も、何を考えているんだ

新聞社はオープンしている。

歩道は砂の上

基礎が耐圧盤でしっかり地面と合体。

この程度の半壊は、一昨年・昨年の地震後国の機関で調査し補強をしていたなら、変っていただろう

輪島のスーパー駐車場もしっかりしている。

輪島朝市の大火

朝市の現地
木造は殆ど焼失されていた

鉄骨造
耐火被覆は
外壁残

朝市
これだけの大規模
ここに何故消火栓がないんだ!

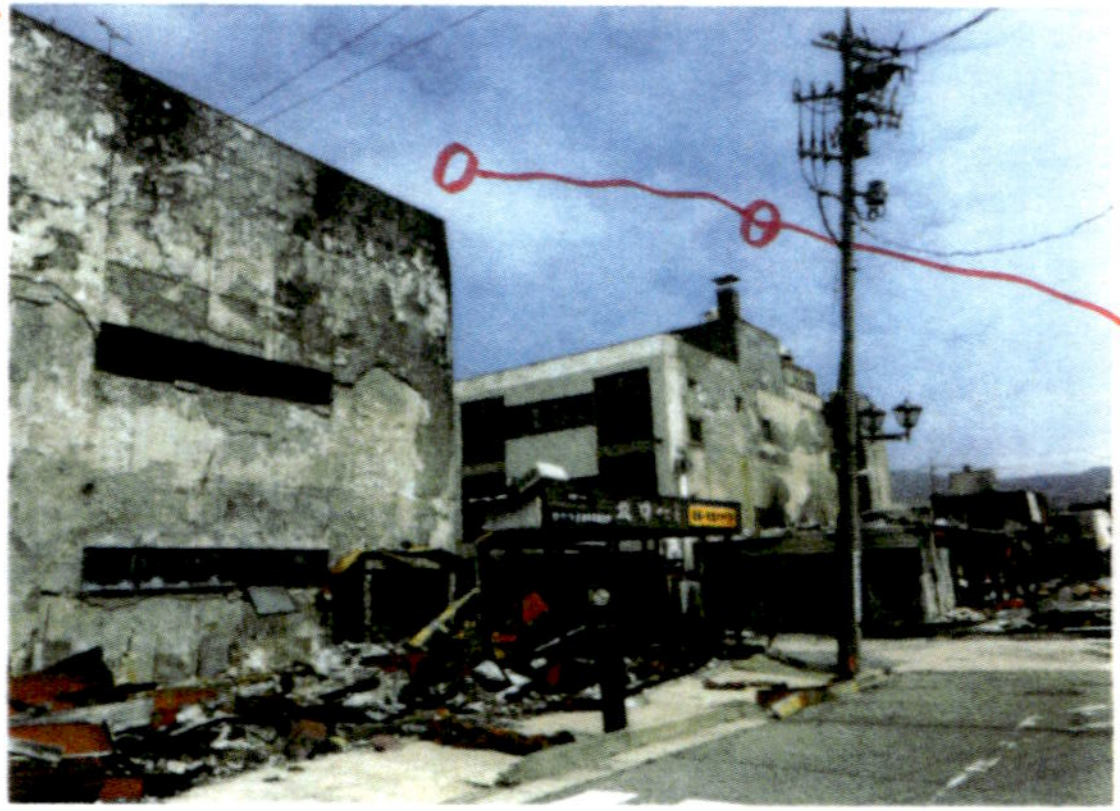

鉄骨は
外を残
地震で
傾いては

RCは
地震の
影響が
少ない

地震・火災影響無
で消火された
この標識の手前　安全祈願の碑、

輪島の大火

惨事

4.「行政」・建築・土木関係者は必ず読むこと
能登半島地震の教訓・戒め

「国交省の怠慢」この半島の歴史を十分調査したか。十分であれば住民に対し住民に対し確固たる対処法が出来たはずだ。二十万年前、小さな島が点在しているだけで、殆ど海であった。その後、隆起（地震）を重ね今の半島が出来た。多発地震地方と言っていいだろう。二千年を越える頃から頻繁に地震が起きた。

二〇〇七年大地震が発生した。

しかし地域民は多発した頃で死者も少なく、地震に慣れていたのか、安全神話が生まれていた。その時に自宅や土蔵など全壊の大被害を受けた方々は、建直したり、十分な補修をした。

国交省は無策だし、儲主義の業者の施工に任せず自ら二度と壊れないため地層と基礎を重要視した。ニュースでも誰もが知っているＲＣの７階建が考えられない方向に倒れ、輪島庵＋住宅を潰し二人の女性を殺した。良く考えて欲しい。鉄筋コンクリート（ＲＣ）７階建が、基礎ごと縦倒れは考えられない。

上部二～七階の損傷は見られない。これがデジタルの限界だ。何拠が何が問題と頭を使わない。建築とは心の動き、デジタルが主役ではない。図面もＣＡＤだけでなく、建築家の職能が入るべきだ。だから今の世と同じ味気なく建築の滅亡も近い。

次に「応急危険度判定士」。この制度もどうして有効に活用しないのだろう。

これも国交省の無力、責任免れだ。もう一つ大きな誤り。職能意識の持った専門機関に申請を委ねるはずだったが、営利企業（住宅メーカー・建設グループ）集まって建築審査機関を認め、企業同士で盲判を押して問題を起す。野放し、責任免れ、政府や国交省の定石だ。

応急危険度判定士がプロ意識を発揮させることだ。国の予算を有効に使うには、事後の調査は誰が見ても分る災害時前に、危険な建物を調査し建替、改造改修などの判定する。工事の費用も大半負担するなら、住民の調査拒否は無くなり、犠牲者は激減し、倒壊建物もなくなる。

事後処理しか考えない政府は、無駄な（不満）仮設住宅、遅々として進まない。興事業政策の無計画が、無駄に国民の税金を何とも思わない。もう一つおかしなＮＨＫのアナウンスだ。

命を第一に考えて安全な所に避難して下さい　常に（録音が）

今回の正月気分の入った所

ＮＨＫは女性の金切声で「逃げろ逃げろー　何も持たずに逃げろ」この絶叫に、恐怖で足が竦んだ人もいるでしょう。もっと優しく具体的に落ち着かせたら、輪島の大火も防げたでしょう。もっとも、一個も消火栓がないのもおかしいが、ここで国や行政が具体的に安全な場所を造って、安全に安心して避難する場所、シェルターなど。

そして平成時、地区会館、集会会議室、式場などで、いつも地域住民が使っていたなら、どれだけ安心だろう。

そう言えば何ヶ月か前、国会で元自民党幹部の議員が、野党が発言もないのに腹立てていたが、総理に質問をした。忘れないで欲しい。

「総理、防衛費で国民の命を守れますか」

安全な避難先、シェルターが殆どない。欧州では一五〇%以上、韓国では三〇〇%以上のシェルターがある。シェルターを造らなければ国民は守れない。建築家の私も常に発言していた。その国会中継を見て大拍手をした。

自民党の中に金集めや表集に自分のことしか考えない奴が多いのに、本当にブラボー。

本気で考えて今回の総選挙に望むのだったら総理になってもらいましょう。

「防衛費で国民の命は守れない」名言です。

完

著者略歴

田　龍太郎（でん　りゅうたろう）

産地　北海道知床しやり町

生誕　昭和20年2月14日（自分だけの終戦日）　近衛文麿の上奏文の提出した日「敗戦必至」―天皇が御覧になったら―終戦

「健」築家　人のために50数年

東京建築士会所属

インテリアプランナー

応急危険度判定士

著書　硝子のこころ

日本を守るのは国民の英知・想・そして愛

郷愁　こころの愛、真実の愛

仁と闇・親父のけむり

俺が総理大臣になったなら

子供達に夢を、そして愛（共著）

能登地震の遺した爪跡は

俺が総理大臣になったなら

2025年1月31日発行　　著　者　田 龍 太 郎
　　　　　　　　　　発行者　向 田 翔 一

発行所　株式会社22世紀アート
〒103-0007
東京都中央区日本橋浜町3-23-1-5F
電話　03-5941-9774
Email: info@22art.net　ホームページ：www.22art.net

発売元　株式会社日興企画
〒104-0032
東京都中央区八丁堀4-11-10 第2SSビル 6F
電話　03-6262-8127
Email: support@nikko-kikaku.com
ホームページ：https://nikko-kikaku.com/

印刷
製本　株式会社PUBFUN

ISBN：978-4-88877-321-8